*Liebe Leserin, lieber Leser,*

als der Golflehrer Marc Freukes von allem die Nase voll hatte – vom Golf, von seinen Kollegen, von der Stadt und dem Lärm – zog er in ein Zelt im Wald. Dort lebt er nun schon seit mehr als sieben Jahren. Mit einem Hund, einer Axt, einem Bollerwagen und sehr viel Ruhe.

Freukes ist ausgestiegen aus dem, was wir Zivilisation nennen. Zugegeben, auf der Suche nach einem besseren Leben ist er einen extremen Weg gegangen. Ihm folgen nur wenige. Aber den Traum vom einfachen Leben teilt er mit vielen Menschen. Sie wünschen sich weniger Termine, weniger Handyklingeln, weniger Beton, weniger Müll, kurzum: mehr Zufriedenheit.

Wir stellen in dieser Ausgabe Menschen vor, die ihr Leben geändert haben, in kleinen oder großen Schritten: Die Bestsellerautorin Meike Winnemuth, die einen Umzug dazu nutzte, um einmal radikal auszumisten. Die Harfenistin Oona Böken, die mit ihren beiden Kindern in einem Jahrmarktswagen wohnt. Einen Journalisten, der sein Smartphone für 40 Tage ausgeschaltet hat. Menschen, die selbst Gemüse anbauen, Plastik vermeiden, in einem Ökodorf leben. Und wir stellen die Frage, ob und wie sich unser Wirtschaftssystem umstellen lässt, hin zu Klimaneutralität und weniger Ressourcenverbrauch.

Verzichten bedeutet eigentlich, etwas nicht zu tun. Das hört sich nicht sehr schwierig an. Warum ein einfaches Leben trotzdem nicht so einfach ist – auch davon erzählt dieses Heft.

PS: GEO WISSEN *hat den Podcast „Gesunder Darm" gestartet. Die Internistin Dr. Viola Andresen klärt darin über Themen auf wie: Macht Weizen uns krank? Muss der Darm von Zeit zu Zeit saniert werden? Wie lässt sich Krebs vorbeugen? Was sagt die Stuhlfarbe über unsere Gesundheit? Die Darmexpertin und Leiterin des Ernährungsteams am Israelitischen Krankenhaus Hamburg gewährt so faszinierende wie verblüffende Einblicke in unser rund sechs Meter langes Superorgan, das so eminent wichtig ist für unsere körperliche wie seelische Gesundheit. Jetzt auf allen großen Plattformen – hören Sie doch mal rein!*

Herzlich,

*Claus Peter Simon* *Diana Laarz*
Redaktion GEO WISSEN

# inhalt

*Vom Glück des einfachen Lebens*

GEO WISSEN
**No. 71**

## Von Lebenskünstlern und Aufräumern: die Praxis



## Von Vordenkern und Philosophen: die Theorie



Impressum, Bildnachweis 115; Die Welt von GEO 146; Titelbild: Sven Hagolani/DEEPOL by plainpicture. Fakten und Daten sind vom GEO WISSEN-Verifikationsteam auf ihre Präzision, Relevanz und Richtigkeit überprüft worden. Kürzungen in Zitaten werden nicht kenntlich gemacht. Redaktionsschluss: 15. Januar 2021. Themen früherer Hefte und Kontakt zur Redaktion unter **www.geo-wissen.de**

› Auf der Titelseite angekündigte Themen

**Selbstversorgung** Der Förster Peter Wohlleben über Freud und Leid beim Säen und Ernten **100**

**Ausmisten** Wie Bestseller-Autorin Meike Winnemuth sich ihr Leben leichter gemacht hat **52**

**Müßiggang** Das Talent zur Ruhe, zum Sich-treiben-lassen, ist in jeder Lebenslage hilfreich **124**

Julia Klös, Mainz

Maren Allaut, Flensburg

Stephan Oppermann, Koblenz

Paola Fabel, Mannheim

# Altern zum »wei so«

**Protokolle:** Silia **Wiebe**

**Fotos:** Roman **Pawlowski**

**Weniger Kleidung kaufen, Gemüse selbst anbauen, auf das erzählen, was ihr Alltagsleben verändert hat – und wie sie**

# ativen

Marc Freukes, Odenwald

# ter

Albrecht Hausmann, Lübeck

Ruth Vogelsang, Tettnang

Victoria (fraeulein. bluetenstaub), Rostock

Stephan Adelmund, Aurich

**Smartphone verzichten: Fünf Frauen und vier Männer dadurch mehr Lebensqualität gewonnen haben**

Früher deckte sich Julia Klös mit Sonderangeboten ein, die sie nicht benötigte. Heute kauft sie wenig und stellt fest: »Ich brauche auch weniger«

Auf Instagram präsentiert Julia Klös mehr als 12 000 Followern ihre Lebensweise

Wie lässt sich Plastik im Bad reduzieren? Auf ihrem Account gibt die junge Frau Tipps

## In sinnvollen Mengen kaufen

**Julia Klös**, *27, Germanistin und Bloggerin aus Mainz, war überrascht, wie viele überflüssige Dinge sie gehortet hatte*

***Früher nervte Sie die Konsumkritik der Umweltschützer. Heute reichen Sie beim Einkauf der Marktfrau eine mitgebrachte Dose, um die Tüte zu sparen. Was ist passiert?***

Ich schaute aus einer Laune heraus meine Küchenregale und den Kleiderschrank nach unbenutzten Dingen durch. Und stand eine Stunde später vor Bergen von angebrochenen Lebensmitteln und haufenweise Shirts und Kleidern, die ich kaum getragen hatte. Erst sortierte ich aus. Dann schwor ich mir, weniger zu kaufen. Seitdem frage ich mich beim Griff nach einer neuen Jeans: Brauchst du die wirklich?

***Sie sparen bestimmt eine Menge Geld.***

Ja, aber darum geht es mir gar nicht, sondern um die Frage, wer abgesehen von meinem Kontostand unter meinen Kaufattacken litt. Die Umwelt! Ich bin nicht missionarisch unterwegs, jeder kann seinen Weg auf der Basis seiner Möglichkeiten finden. Aber ich kapierte, dass ich Verpackungsmüll vermeide, wenn ich nur kaufe, was ich wirklich brauche. Seitdem greife ich nicht mehr zum Shampoo, nur weil es drei Flaschen zum Preis von zweien gibt. Viele Lebensmittel wie Rosinen, Leinsamen oder Schokolade kaufe ich nach Bedarf abgewogen in einem Unverpacktladen, statt im Supermarkt in Plastikverpackungen in zu großen Mengen.

***Dann haben Sie keine unzähligen angebrochenen Gewürzpackungen im Küchenschrank, die Sie selten nutzen?***

Genau! Weil ich nur die fünf Gramm gemahlenes Kurkuma abwiege, die später in meine Kartoffelsuppe kommen, oder zwei Lorbeerblätter kaufe, statt die ganze Tüte.

***Pullover und Hosen kann man nicht abwiegen und man braucht sie wirklich.***

Stimmt, aber das Kleid für die Hochzeit der Cousine, das man anschließend ungenutzt im Schrank hängen lässt, könnte man für den Einmal-Anlass bei einer Freundin leihen. Nur als Tipp: Es gibt so tolle Kleidertauschbörsen, Flohmärkte und den Secondhandhandel.

Unermesslicher Reichtum: Mehr als eine Viertelmillion Schriften finden sich in der Klosterbibliothek aus dem 19. Jahrhundert

Bevor er Mönch wurde, häufte Stephan Oppermann Kleidung und Schuhe an

## Eine Zelle muss reichen

**Stephan Oppermann**, *37, lebt seit seinem 25. Lebensjahr als Benediktinermönch im Kloster Maria Laach bei Koblenz*

Es war kein göttlicher Ruf, der mir sagte, dass ich Mönch werden solle. Zuerst machte ich eine Ausbildung zum Gärtner bei meinen heutigen Klosterbrüdern und studierte Blumenkunstgestaltung. Dann zog ich nach Zürich, in diese aufregende Stadt. Ich verdiente gut, besaß mehr Schuhe und Klamotten, als in meine Schränke passten. Und dachte: Je mehr ich besitze, desto leichter wird mein Leben.

Dann merkte ich, dass es mich zu viel Kraft kostet, meinen Lebensstandard zu halten und aus unzähligen Angeboten der Konsumgesellschaft auszuwählen. Und dass ich nicht glücklicher werde, wenn ich mich noch mehr nach Wohlstand recke und strecke.

Mit Mitte 20 kehrte ich zurück ins Kloster und trat als Benediktinermönch in die Gemeinschaft ein. Mit der Unterstützung der Klostergemeinschaft begann ich ein Bildhauerstudium, das ich mit Auszeichnung abschloss.

Heute bräuchte ich keine fünf Minuten, um meinen gesamten Besitz aus der Zelle zu räumen. Da ist mein Bett, ein Kreuz, ein Familienfoto, meine schwarze Ordenstracht und meine Arbeitskleidung für die Keramikwerkstatt, in der ich Skulpturen aus Stein, Holz und Ton schaffe.

Ja, es gibt Momente, da zweifle ich, dass mich mein jetziges Leben für immer erfüllen wird. Aber diese Zweifel gehören zu einer ehrlichen Auseinandersetzung dazu. So wie man sich in einer Beziehung immer wieder für den einen Partner entscheidet und nicht innerlich abstumpft, sage ich immer wieder neu aus ganzem Herzen Ja. Ich bin Mönch von Maria Laach und will nichts anderes, als hier in diesem denkmalgeschützten Kloster mit all den herrlichen Gärten zu leben, gemeinsam mit Menschen, die genau wie ich auf der Suche sind nach Gott.

Am Laacher See, einem Vulkansee, betreibt das Kloster eine Fischerei

Ein Geschenk an sie selbst nennt Ruth Vogelsang den Aufenthalt im Wald an ihrem Geburtstag

Die Vorstellung, im Mittelpunkt zu stehen und sich feiern zu lassen, ist Ruth Vogelsang fremd

## Waldspaziergang statt Party

*Ihren Geburtstag feiert* **Ruth Vogelsang**, *59, Sachbearbeiterin aus Tettnang, seit vielen Jahren mit nur einem Gast: sich selbst*

---

Ausgelassene Kindergeburtstage mit Geschenken, Sackhüpfen und geladenen Gästen gab es bei uns nicht. Meine Mutter, eine Landwirtin, molk Kühe, fütterte Schweine und setzte Rüben auf dem Feld. Auch an meinem Geburtstag. Es war ein Tag wie jeder andere.

Als junge Frau hätte ich das Vermisste nachholen, meine Freunde einladen und mich feiern lassen können. Aber schon die Vorstellung, im Mittelpunkt zu stehen, war mir fremd und verunsicherte mich.

Heute ist das anders. Ich bin es mir wert, diesen besonderen Tag im Januar aus vollem Herzen zu genießen. Aber ich brauche dazu weder Gäste noch Geschenke noch Torte. Ich nehme mir frei und verschwinde morgens erst mal in aller Seelenruhe im Bad. Dann wähle ich Kleidung, die farblich und stofflich zu meiner Geburtstagsstimmung passt, und schließlich beschenke ich mich mit einem mehrstündigen Spaziergang im Wald, manchmal auch mit einem Friseurtermin oder Cafébesuch.

Für mich ist es keine schöne Vorstellung, vormittags mit Schürze und Schweißperlen in der Küche zu stehen, um Häppchen oder Kuchen für die Gäste am Nachmittag vorzubereiten. Ich will auch nicht ständig am Telefon hängen und abends erschöpft aufs Sofa fallen. Gratulationen freuen mich am meisten, wenn sie in schriftlicher Form per WhatsApp oder Postkarte kommen.

Die einzige, mit der ich an diesem Tag telefoniere, ist meine Mutter. Ich rufe sie gleich am Vormittag an, weil ihr das wichtig ist, und nehme ihre guten Wünsche dankbar entgegen. Alle anderen wichtigen Menschen in meinem Leben haben sich an meine Art zu feiern mit den Jahren gewöhnt und akzeptieren sie. Mein schönstes Geburtstagsgeschenk ist, dass ich gelernt habe, mich auf diese Weise zu freuen.

Knapp 20 Quadratmeter misst die selbst gebaute Jurte, die der frühere Golflehrer Marc Freukes seit 2017 bewohnt

## Selbstfindung in der Jurte

**Marc Freukes**, *46, wohnt in einem Zelthaus im Odenwald und hat seinem Leben einen neuen Sinn gegeben*

Ich war mal Golflehrer und trainierte eine Bundesligamannschaft. Eigentlich hat mir der Job Spaß gemacht, allerdings kam dann schon immer öfter das Gefühl auf: Jede Krankenschwester und jeder Müllmann tut was Sinnvolleres als ich. Als ich dann noch von Kollegen gemobbt wurde und meinen Job verlor, war ich am Ende. Ich wollte einfach nur noch weg und zog im Herbst 2013 in ein Zelt im Wald.

Die ersten Wochen dort hatte ich das Gefühl, ständig in ein schwarzes Loch zu schauen, es war alles so unbekannt und jeder Tag eine neue Herausforderung.

Aber ich habe es geschafft. Ich habe gelernt, wie man Holzmöbel schreinert, einen Ofen zusammenschweißt, Holz hackt, Messer schmiedet, Leder gerbt. Ich habe Leute befragt, Videos geschaut, neue Techniken immer wieder ausprobiert. Irgendwann klappte es dann. Diese Dinge selbst herzustellen war sehr heilsam für mich.

Seit Herbst 2017 wohne ich in einem selbst gebauten Zelthaus, es ist etwa 20 Quadratmeter groß. Ich habe hier alles, was ich zum Leben brauche. Durch eine Öffnung in der Decke kann ich in den Himmel schauen, das ist purer Luxus.

Viele finden mein Leben extrem. Für mich ist das ein Kompromiss. Ich möchte unseren Planeten nicht weiter zerstören. Ich verbrauche nur 50 bis 100 Kilowattstunden Strom im Jahr und 30 Liter Wasser in knapp zwei Wochen. Aber ich besitze auch ein paar Krücken der Moderne, einen Laptop und ein Handy, um meine Wildniskurse anbieten zu können. Damit verdiene ich hier draußen Geld, ich möchte niemandem auf der Tasche liegen.

Trotzdem habe ich seit mehreren Jahren Ärger mit dem Kreisbauamt. Die Behörde sagt, hier im Wald sei keine Wohnbebauung zugelassen. Die waren sogar schon mit Polizei und Bagger bei mir und haben mit Abriss gedroht. Ich werde jetzt erst einmal in einen Bauwagen ziehen und dann einen Platz für eine neue Jurte suchen. Die Gemeinde hilft mir dabei, aber es ist und bleibt schwierig.

Ich lehne den Besitz von Grund ebenso ab wie eine Privatisierung von Wasser und Luft. Ich glaube, dass die Menschen erst wieder die Natur zu schätzen lernen, wenn sie so wie früher in ihr leben dürfen. Anarchie bedeutet für mich maximale Eigenverantwortung des Einzelnen und minimale Gewaltausübung durch Institutionen. In diesem Sinne bin ich zu 90 Prozent Anarchist.

**Der Einsiedler hat seinen Konsum aufs Nötigste reduziert, er braucht nur 15 Liter Wasser in der Woche**

**Die Jurte heizt Freukes mit Holz, das er zuvor mit dem Bollerwagen, seinem »Wildnisporsche«, aus dem Wald geholt hat**

# Ein Stück Land zur Miete

*Als* **Paola Fabel**, *56, in einem Mannheimer Wochenblatt eine Werbeanzeige für mietbare Äcker las, wusste die Qualitätsmanagerin, dass sie dabei sein will*

Hier wächst alles biologisch-dynamisch, gedüngt wird mit Brennnesseljauche

***Sie wohnen in einer Stadtwohnung mit Balkon und hätten sich ein Haus mit Garten suchen können, statt ein Stück Acker zu mieten. Was sprach für den Acker?***

Etwas Land zu mieten, um Gemüse für den Eigenbedarf anzubauen, kombiniert das Stadtleben mit dem Landleben. Als ich auf der Info-Veranstaltung eine Frau traf, die sich mit mir ein 100 Quadratmeter großes Stück Acker teilen wollte, war ich begeistert.

***Sie arbeiten am Computer, Ihre Firma liefert Fertignährböden an die Pharmaindustrie. Wussten Sie, wie man beispielsweise Tomatenpflanzen richtig behandelt?***

Nein, aber für die 350 Euro im Jahr Miete bekommt man nicht nur den Acker. Ein Profi erklärte uns von der Saat bis zur Ernte alles. Wir beackern unser Feld jetzt im dritten Jahr. Ich bin so selbstständig geworden, dass ich eine Brennnesseljauche als Düngemittel anrühre oder ein Salbeigebräu gegen die nervigen Kohlfliegen. Wir verzichten komplett auf Gift, unser Boden ist biologisch-dynamisch, damit wir die Artenvielfalt erhalten. So haben wir es auch mit Schädlingen wie Kohlfliegen und Mäusen zu tun.

***Was motiviert Sie, nach einem Bürotag hinauszuradeln und ein riesiges Feld mit einer Gießkanne zu wässern?***

Dass Feldarbeit extrem wohltuend ist für Körper und Geist: Man kann mit bloßen Händen etwas schaffen und dabei wunderbar abschalten.

***Im Frühjahr geht es ruhiger zu. Werden Sie den Acker vermissen?***

So richtig Pause ist nie. Zurzeit säe ich Samen von Tomaten und Gurken in Blumentöpfen aus. Nach den Eisheiligen pflanze ich sie in den Acker, und im Spätsommer kann ich ernten. Seit ich weiß, wie viel Liebe und Zuwendung in jedem einzelnen Gemüse steckt, schmeiße ich Karotten mit faulen Stellen oder Äpfel mit Dellen nicht mehr weg. Ich schneide das Ungenießbare ab und esse den Rest.

**Auch der Rosenkohl kommt bei Paola Fabel von dem Stück Land, das sie angemietet hat**

Mit bloßen Händen etwas zu schaffen und dabei abzuschalten – das schätzt Paola Fabel an der Bewirtschaftung ihres Ackers

Während des ersten Lockdowns holte Maren Allaut ihre Mutter aus dem Heim und richtete ihr ein Zimmer bei sich ein

An der Flensburger Förde und im nahen Park gehen Mutter und Tochter häufig spazieren

## Eine Wand als Lösung

*Nachdem* **Maren Allaut**, *57, Physiotherapeutin aus Flensburg, ihre Mutter aus dem Pflegeheim zu sich geholt hatte, wurde einiges einfacher*

Meine Gedanken kreisten ständig um meine 92-jährige Mutter, wochenlang kam es mir vor, als würde es keine Lösung geben. Der erste Lockdown im vergangenen Jahr hatte sie zu einem fremdbestimmten Menschen in Gefangenschaft gemacht. Sie durfte nicht raus aus dem Pflegeheim, und ich durfte nicht rein. Wegen ihrer Schwerhörigkeit konnten wir nicht mal telefonieren.

Bekommt sie genug zu essen, auch mal warme Worte und eine Berührung? Oder liegt sie Tag für Tag allein im Bett? Nachts lag ich wach und grübelte. Tagsüber stand ich mit Seifenblasen und Straßenmalkreide unter ihrem Fenster und schickte bunte fröhliche Grüße zu ihr hoch in den zweiten Stock.

Unsere Großfamilie bat ich, Briefe an Mama zu schreiben. Aber das reichte mir nicht. Eines Morgens wusste ich plötzlich, was zu tun ist. Eine Wand musste her! Ich bat Freunde, mir zu helfen, eine Trennwand aus Glas mit einer Schiebetür durch mein Wohnzimmer zu ziehen, damit sie einen Raum für sich hat und ich trotzdem mitbekomme, ob alles okay ist. Dann kaufte ich ein Bett und eine Kommode und richtete ihr ein Zimmer ein. Ich fuhr zum Heim, holte in virensicherer Schutzkleidung ihre Sachen und nahm schließlich meine zerbrechliche Mutter mit zu mir.

„Tu das bloß nicht, du überforderst dich mit der Pflege", warnte mich meine Schwester. Aber ich fühlte mich wie befreit. Auf einmal war alles so einfach. Seit Monaten schiebe ich sie nachmittags durch den Park, wir spielen Karten und singen zusammen. Zweimal die Woche geht sie in die Tagespflege. Meine Nichte und mein Bruder kommen regelmäßig zur tatkräftigen Unterstützung. Die Lösung war eigentlich immer da, ich habe sie nur nicht gesehen.

Ablenkung durchs Smartphone kennt der Waldorflehrer nicht, das Gerät liegt oft tagelang unbeachtet herum

Für den Unterricht als Handarbeitslehrer hat Hausmann daheim einen Fundus an Garnen

## Mehr Zeit für Hobbys, Schluss mit Social Media

**Albrecht Hausmann**, *53, Lehrer aus Lübeck, braucht die meisten Funktionen seines Smartphones nicht mehr*

---

***Endlich erwische ich Sie telefonisch. Sie gehören nicht zu denen, die ihr Handy in der Hosentasche bei sich tragen, oder?***

Meistens liegt das Ding zu Hause auf meinem Esstisch. Manchmal ein ganzes Wochenende lang, wenn ich bei meiner Freundin zu Besuch bin. Kürzlich wunderte ich mich, dass mich niemand mehr anruft. Ich stellte fest: Der Akku war seit einiger Zeit leer.

***Dabei telefonieren Sie ganz gern. Während es nicht Ihr Ding ist, Nachrichten über Whatsapp zu schreiben. Was stört Sie daran?***

Ich bin da oldschool, will nicht ständig am Handy kleben. Lange Zeit besaß ich so ein Tastengerät, mit dem man nicht googeln und keine Apps nutzen kann. Das reichte mir. Dann schenkte mir meine Tochter ihr altes Smartphone. Super, dachte ich, jetzt kannst du mit deinen Kindern whatsappen. Aber der WLAN-Router rauchte ab und irgendwie funktionierte auch Whatsapp nicht mehr. Letzen Endes sind die wichtigen Dinge schneller telefonisch geklärt. Solange ich angerufen werden kann, ist alles gut.

***Viele nutzen Social-Media-Kanäle, um auf dem Laufenden zu bleiben. Entgeht Ihnen nichts?***

Vor sieben Jahren habe ich mich bei Facebook angemeldet. Eine Cousine aus Amerika erklärte mir, dass wir so besser Kontakt halten können. Sie hatte 400 Facebook-Freunde und postete in hoher Frequenz aus ihrem Alltag. Natürlich kommentierte sie auch, was andere posteten. Vieles, was ich las, kam mir dusselig vor und profan. Ich hatte acht Freunde und fragte mich, ob die ernsthaft wissen wollen, ob ich eine neue Schallplatte entdeckt habe oder nicht. Das war nicht meine Welt. Ich meldete mich bei Facebook wieder ab.

***Was tun Sie, während andere ihr Handy bearbeiten?***

Letzte Woche habe ich mir eine Schirmmütze genäht. Es dauerte vier Stunden vom Schnittmuster bis zur fertigen Kopfbedeckung. Hätte ich nebenbei ferngesehen, Voice-Mails abgehört oder gechattet, lägen die Stoffteile noch hier rum. Gerade war ich mit Stickarbeiten an einer Jute-Umhängetasche beschäftigt. Da klingelte das Telefon und Sie waren dran.

**Ob Blätter, Kastanien oder Maiskolben – die Natur bietet eine große Auswahl an Spielzeug**

## Das Wertvollste kommt aus der Natur

*Die dreifache Mutter* **Victoria** *(fraeulein.bluetenstaub), 33, aus Rostock trifft man höchst selten einmal im Spielzeuggeschäft*

---

Dass ich spontan ein Überraschungsei oder einen neuen Fußball kaufe, weil eines meiner Kinder gerade Lust darauf hat, ist nahezu ausgeschlossen. Entsteht mit der Zeit ein Herzenswunsch, suchen wir nach gebrauchten und nachhaltigen Alternativen, die unsere Kinder zum Geburtstag oder zu Weihnachten bekommen.

Das beste, vielseitigste und nachhaltigste Spielzeug gibt es ohnehin nicht aufwendig verpackt im Spielzeuggeschäft, sondern kostenlos in der Natur. Da sind die Kastanien, die ein kleines Kind im kreativen Spiel in seinen Laster, die Schubkarre oder den Rucksack schütten und wieder auskippen kann oder als Badewannenfüllung benutzt. Oder die Maiskolben, die ich trockne, damit mein Dreijähriger sie anschließend abpulen kann.

In unseren Spielkisten liegen Tücher, Äste und Töpfe, Kochlöffel, Bauklötze und das langlebige Lego-Duplo. Langweilig wird es meinen Kindern nicht. Meine Erfahrung als Erzieherin ist: Je einfacher das Spielzeug, desto mehr Raum für kreative Ideen.

Anfangs zeigte ich meine Spielanregungen aus der Natur nur einigen Freundinnen auf Instagram. Mit der Zeit folgten mir aber so viele Mütter, dass ich feststellte: Da ist ein großer Bedarf, ich bin nicht die Einzige, die auf unnötiges Plastikzeug verzichten will.

Es geht mir nicht darum, den Kindern auf Krampf mit listenlangen Prinzipien und Verboten Naturverbundenheit einzutrichtern. Ich möchte ihnen einfach vorleben, dass es häufig die kleinen Dinge sind, die uns zufrieden machen. Wie unsere Hochbeete im Garten, in denen wir Kräuter, Wiesenblumen und Himbeeren pflanzen und nebenbei lernen, dass manches, was man am liebsten sofort haben möchte, erst in Ruhe reifen muss.

Langweilig wird es den Kindern von Victoria nicht; andere Mütter folgen ihren Ideen inzwischen auf Instagram

Aus einem großen Haus zog Stephan Adelmund in das 30-Quadratmeter-Ferienhaus der Eltern – nachdem er es renoviert hatte

# Verzicht auf Haus, Autos und Jobs

**Stephan Adelmund**, *35, aus Aurich, verdankt Corona die Erkenntnis, dass sich der Alltag auch stressfreier gestalten lässt*

Bis zum ersten Corona-Lockdown tanzte ich auf vielen Hochzeiten. Ich managte eine Eventagentur und eine Musikschule auf dem Land, leitete einen Beachclub und besaß einen Online-Handel für Vespa-Ersatzteile. Zusätzlich spielte ich als Sänger der Band „Knallfrosch Elektro" 100 Konzerte im Jahr. Ich fuhr dermaßen hochtourig, dass ich nicht mehr wusste, wie sich ein Leben ohne Druck anfühlt.

Dann kam die Pandemie. Alles fiel flach. Ich hätte Angst kriegen und mich an meine Jobs klammern können. Stattdessen fühlte ich Erleichterung über die freie Zeit. Ich konnte in Ruhe abwägen, welche Dinge mir guttaten und welche nur Ballast waren. Ich fragte mich: Welchen materiellen Luxus brauche ich wirklich, und was wäre ein größerer Luxus, als einfach mal mehr Zeit für sich selbst zu haben?

Musik machen tut mir gut, das musste bleiben. Aber Konzerte für andere Künstler organisieren, fraß zu viel Kraft. Meine Eventagentur löste ich auf. Wie Ballast fühlte sich mein großes Haus mit Gärtner und Haushälterin an. Da kam mir das Ferienhaus meiner Eltern in den Sinn, das mein Vater als Sammellager für Bücher nutzte. Ich half ihm, sie umzulagern, und begann, Küche und Bad zu sanieren. Dann zog ich auf 30 Quadratmeter und vermietete mein Haus.

Schließlich trennte ich mich von zwei meiner drei Autos und kaufte mir ein Fahrrad. Heute weiß ich: Es waren die kleinen Dinge, die mein Leben in der Summe unnötig schwer gemacht haben. Vielleicht wirkt es einfach, sich von etwas zu trennen, wenn man dafür nicht auf das einzige Auto oder den einzigen Job verzichten muss. Für mich war die Hürde, dass ich mein eigenes Muster, an das ich mich jahrelang gewöhnt hatte, durchbrechen musste. Anschließend war ich überrascht, dass sich mein neues Leben in jeder Hinsicht gesünder anfühlt. ‹

**Sein Hausboot hat Adelmund inzwischen vermietet – ebenso sein Haus**

**Musik ist für ihn heute hauptsächlich Vergnügen, zusammen mit drei Freunden in der Band »Stereo Tanz Orchester«**

# Brauche ich das? **Oder kann das weg?**

*Der genaue Blick auf die Dinge lässt uns erkennen, was wirklich von Bedeutung ist und was überflüssig. Und wie wir das eine vom anderen unterscheiden*

**Text:** Diana **Laarz**

**Es begann damit,** dass ich meinen Schreibtisch aufräumte.

Ich hatte gelesen, dass Angestellte des Statistischen Bundesamtes den Besitz der Deutschen zählen. Jedenfalls kamen sie zu dem Schluss, dass in jedem deutschen Haushalt durchschnittlich 10 000 Dinge rumliegen, rumstehen, gebraucht werden oder verstauben.

Ich schaute mich um, mein Blick fiel auf den Schreibtisch, und ich hatte sofort den Verdacht, dass unser Vierpersonenhaushalt die 10 000er-Marke locker überschreitet.

Also packte ich alle Dinge vom Schreibtisch auf das Bett. Dann zählte ich: 504 Gegenstände. Der Schreibtisch ist wirklich klein, ich befürchte, wir besitzen in der ganzen Wohnung Hunderttausende Dinge.

Ich habe dann aussortiert. Ich verkaufte einen Taschenkalender und die Sammlung ausländischer Münzen. Ich stellte Filzstifte, Ladegeräte, Kabel, einen Klammeraffen und einen Golfball in einer Kiste auf den Bürgersteig. Zwei Stunden später war alles verschwunden. Ich warf alte Notizzettel in den Müll, ausgetrocknete Textmarker und endlich mein Federmäppchen aus der Schulzeit.

Danach betrachtete ich mein Werk, also den aufgeräumten Schreibtisch, und ja, ich fühlte mich richtig gut und befreit. Davon schwärmen die Aufräumer und Minimalisten immer: Wer ausmistet, ist glücklicher.

Eigentlich versprechen sie noch viel mehr. Sie sagen: Wirf Zeug weg, und deine neue, aufgeräumte Zukunft beginnt. Du wirst endlich den Job finden, der zu dir passt. Oder den richtigen Partner. Du wirst abnehmen, mehr Sport treiben, endlich faulenzen können, was immer dich glücklich macht. Aufräumen ist das Heilsversprechen der vermüllten Moderne.

Die Idee der Einfachheit ist verführerisch. Nicht nur die Wohnung wird aufgeräumt, sondern die Gedanken im Kopf entwirren sich. Mehr Luft. Mehr Klarheit. Mehr Kontrolle. Es gibt in den Menschen eine tiefe Sehnsucht danach, das Zuviel hinter sich zu lassen.

Andererseits: So einfach kann das mit dem einfachen Leben nicht sein. Sonst würde ich nicht ratlos vor meinem vollgestopften Kleiderschrank stehen und viel mehr Leute würden auf viel mehr Dinge verzichten.

Der Minimalismus treibt merkwürdige Blüten. Menschen packen ihren einzigen Besitz in sieben Koffer. Einige behaupten, sie würden nur noch 100 Dinge besitzen. Als hinge das Glück von einer bestimmten Zahl ab. Oder von einer Wohnung, die aussieht wie ein Reinraum.

**US-amerikanische Forscher** untersuchten 1991 die psychologischen Folgen eines Feuers in Kalifornien. Die Versicherungen ersetzten einen großen Teil des Besitzes, der verbrannt war. Dennoch berichteten viele Menschen von regelrechten Identitätskrisen. „Das Feuer nahm mir alles, was ich hatte, aber auch alles, was ich war.“ „Wir wurden Waisen ohne Erinnerung.“

In fast jedem Haushalt liegen unzählige Dinge herum, die niemand mehr braucht. Sie wegzuschmeißen kann ungemein befriedigend sein

William James, einer der Urväter der modernen Psychologie, prägte für den Besitz den Begriff des „erweiterten Selbst". Die Gegenstände, die wir anschaffen und bei uns behalten, sind auch Teil unserer Identität. Diese Dinge stehen dafür, wer wir waren, wer wir sind und wer wir gern wären. Deshalb hängt unser Herz an scheinbar nutzlosen Dingen.

Einfachheit bedeutet nicht, sich so weit einzuschränken, bis nur noch 100 Gegenstände übrig bleiben – und nichts von der eigenen Persönlichkeit. Es geht eher darum, zu erkennen, was wirklich von Bedeutung ist und was überflüssig. Und wie wir das eine vom anderen unterscheiden.

Das ist die eigentliche Herausforderung. Das ist der Grund dafür, warum einfaches Leben so schwer ist.

Wir leben ein Leben voller Möglichkeiten. Im Supermarkt kann ich zwischen 100 Sorten Marmelade wählen. Wenn ich einen Film schaue, könnte ich nebenbei auch noch Mails checken. Ich könnte weiterhin schreiben und damit mein Geld verdienen. Oder noch einmal etwas ganz Neues lernen. Ich könnte vielleicht woanders leben, mit jemand anderem.

Diese vielen Möglichkeiten vermitteln ein Gefühl der Freiheit. Zufriedener machen sie uns aber nicht. Denn jedes Mal, wenn ich mich für eine der Möglichkeiten entscheide, beschleicht mich das ungute Gefühl, etwas anderes verpasst zu haben. Kapitalismus und Konsum erzählen den Menschen, dass sie immer mehr haben wollen müssen.

Das führt zu einem Paradoxon: Wir spüren, was uns guttut: weniger Besitz, weniger Termine, weniger Bildschirmzeit. Aber wie trotzige Kinder kaufen wir Dinge, die wir nicht brauchen. Und verirren uns im sozialen Netzwerk. Und entscheiden uns für einen Job, der mehr Geld verspricht, uns aber nicht glücklich machen wird.

**Wie trotzige Kinder kaufen wir Dinge, die wir nicht benötigen. Und entscheiden uns für einen Job, der uns nicht glücklich macht**

Wenn mir heute jemand eine größere Wohnung zu einem angemessenen Preis anbieten würde, würde ich vermutlich ohne zu zögern zuschlagen. Dabei fand ich meine Wohnung eigentlich immer groß genug. Noch im Jahr 1991 lebte jeder Bundesbürger auf durchschnittlich knapp 35 Quadratmeter Wohnfläche. Im Jahr 2019 waren es schon 47 Quadratmeter.

Die Sehnsucht nach einem einfacheren Leben mag groß sein. Aber die Versuchung, für ein paar Quadratmeter mehr den nächsten Kaufvertrag zu unterschreiben, ist offensichtlich größer.

Die Kraft des Konsums ist so stark, dass er auch die Idee des Minimalismus längst gekapert hat. Das Wort „einfach" war 2017 der am zweithäufigsten verwendete Begriff in deutschsprachigen Werbeslogans. Aldi warb mit dem Spruch „Einfach ist mehr." Die Firma Vorwerk preist das Küchengerät Thermomix an mit den Worten: „einfach", „schnell", „macht dein Leben leichter". Die Maschine kostet 1325 Euro.

**Verzicht bedeutet eigentlich,** etwas nicht zu tun. Wie schwierig kann das schon sein? Es ist nicht einfach, weil es bedeutet, einem mächtigen Impuls zu widerstehen. Ich habe mit dem Aufräumen begonnen. Das war ehrlich gesagt ein Klacks gegen den Versuch, weniger und nachhaltiger zu konsumieren. Jeden Tag flattern mir analog und digital Sonderangebote und Werbung ins Haus. Ich muss Lebensmittelverpackungen studieren, um mich für ein gutes Produkt zu entscheiden. Das ist anstrengend.

Es lohnt sich aber, weil Minimalismus und Verzicht notwendig sind, um den Planeten zu retten. Ich kann nicht weiter die Ressourcen der Erde ausbeuten und damit die Augen davor verschließen, dass deshalb Klima und Biodiversität vor die Hunde gehen. Einfach leben ist ein Zukunftsprojekt.

Es gibt Menschen, die veröffentlichen Bücher, in denen steht, dass Verzicht Spaß macht. Es macht keinen Spaß. Verzicht ist eine Entscheidung. Das ist nicht einfach. Aber es fühlt sich einfach besser an. ‹

# »In Krisen finden wir heraus, was **wirklich wichtig** ist«

In unserer Kultur wird den Menschen eingetrichtert, dass es immer besser ist, zahllose Möglichkeiten der Auswahl zu haben, sagt **der dänische Psychologe Svend Brinkmann**. Doch glücklich mache uns etwas ganz anderes

**Interview:** Diana **Laarz** und Sonja **Niemann**

GEO WISSEN: *Herr Professor Brinkmann, Sie haben ein Buch geschrieben über die Freude, etwas zu verpassen. Worüber soll ich mich denn da genau freuen?*

PROF. SVEND BRINKMANN: Die Freude besteht darin, sich auf die Aktivitäten fokussieren zu können, die einem wirklich wichtig sind, weil wir in der gleichen Zeit andere Dinge eben nicht machen.

*Können Sie ein prägnantes Beispiel nennen?*

Ein ganz simples Experiment zeigt das. Forscher haben zwei Gruppen von Menschen einkaufen lassen. Die Einkäufer in der ersten Gruppe sollten sich zwischen 24 unterschiedlichen Sorten Marmelade entscheiden. Der zweiten Gruppe bot man nur sechs unterschiedliche Sorten an. Es zeigte sich, dass die Menschen der zweiten Gruppe am Ende mit ihrer gewählten Marmelade signifikant zufriedener waren, obwohl sie viel weniger Auswahl gehabt hatten.

*Überraschend! Woran liegt das Ihrer Meinung nach?*

Die Einkäufer der ersten Gruppe haderten vor allem damit, was sie wohl mit den vielen anderen Marmeladen verpasst haben könnten. Natürlich ist es immer so, dass eine Entscheidung für etwas eine Entscheidung gegen etwas anderes ist. Aber wegen unserer ständigen Furcht, etwas zu verpassen, fällt es uns schwer, das zu akzeptieren. Stattdessen tun wir etwas und denken dabei oft daran, was wir sonst noch machen könnten: Von „Statt nur einer Unterhaltung zu folgen, könnte ich schnell mal Facebook checken“ bis „Ich könnte vielleicht woanders leben, mit jemand anderem“.

*Ich bin mir nicht sicher, ob ich einen Supermarkt gut finden würde, der mir nur wenige Sorten Marmelade anbietet.*

Sie sind in einer Kultur aufgewachsen, in der Ihnen eingetrichtert wurde, dass es immer besser ist, viele Möglichkeiten zu haben. In der Psychologie sind wir uns sicher, dass das nicht der Fall ist. Es geht Ihnen nicht besser damit. Ich möchte Ihnen nicht die Freiheit nehmen, zwischen verschiedenen Möglichkeiten zu wählen. Aber ich denke, wir verwechseln viel zu oft Quantität mit Qualität. Mehr ist nicht unbedingt besser. Es gibt einen Song von Pink Floyd, in dem heißt es: „Ich habe im Fernsehen 13 Kanäle zur Auswahl. Alle sind scheiße.“ Es ist ein deprimierendes Lied.

*Es gibt ja den Spruch, dass man am Ende seines Lebens nicht das bereuen wird, was man getan hat, sondern vielmehr das, was man nicht getan hat. Was ist falsch daran?*

Genau solche populären Sprüche sehe ich skeptisch. Es gibt etliche Slogans, die uns ermuntern, einfach zu machen, ohne an die Konsequenzen

Svend Brinkmann, Jg. 1975, ist Professor für Psychologie an der Universität Aalborg in Dänemark. Sein aktuelles Buch über die Freude am Verzicht: »The Joy of Missing Out«

zu denken, damit wir ja nichts verpassen – „Just do it". Das ist die Sprache der Werbung, wir sollen dies konsumieren, das erfahren, dorthin reisen, etwas kaufen, uns optimieren.

***Aber gehört das nicht seit Urzeiten zur menschlichen Natur: der Hunger nach Mehr, die Gier nach neuen Erlebnissen, die Neugierde auf immer interessante Abenteuer?***

Dieses Argument höre ich so oft. Aber wenn wir uns die Geschichte der Menschheit anschauen, sehen wir erst in den vergangenen 100 bis 200 Jahren die Entwicklung eines Hyperkapitalismus, der den Menschen einredet, sie müssten immer mehr haben. Die nächste Wohnung muss größer sein, der nächste Laptop schneller, der nächste Job besser bezahlt. Wir haben das so sehr verinnerlicht, dass wir glauben, es sei vollkommen natürlich. Aber das stimmt nicht. Zuvor lebten die Menschen 10 000 Jahre, sogar 100 000 Jahre lang in einem ganz anderen Verhältnis zu ihrer Umwelt.

***In den klassischen wirtschaftswissenschaftlichen Modellen geht man immer von einem bestimmten Menschenbild aus, dem Homo oeconomicus.***

Demnach ist der Mensch ein rationaler Egoist, der sich bei allem fragt: „Wie kann ich bei geringstmöglichem Einsatz das meiste für mich rausholen?“ Aber so sind wir nicht. Die meisten Menschen haben ein starkes Gefühl für Gerechtigkeit, sie sind bereit, auf etwas zu verzichten, damit andere auch etwas abbekommen. Es gibt – gerade auch in den Wirtschaftswissenschaften – viele Studien mit realen Menschen, die das immer wieder belegt haben. Nicht immer alles haben zu wollen, mit anderen zu teilen, maßzuhalten: Das ist nicht nur eine ethische Frage, sondern Teil der menschlichen Natur. Das wird nur manchmal in unserer kapitalistischen Gesellschaft vergessen.

***Sie schreiben in Ihrem Buch von der hedonistischen Tretmühle. Was meinen Sie damit?***

Wir alle neigen dazu, uns sehr schnell an ein bestimmtes Level von Zufriedenheit zu gewöhnen. Wir arbeiten auf etwas hin, von dem wir hoffen, dass es uns glücklicher macht. Und wenn wir es dann bekommen, sind wir auch glücklich – für einen kurzen Moment. Und dann haben wir uns daran gewöhnt und wollen mehr. Dieses Rennen hört nie auf, das ist die Tretmühle. Um daraus auszubrechen, müssen wir lernen, das zu schätzen, was wir haben. Es ist einfach manchmal schlicht besser, nicht zu handeln. Wir sollten nicht ständig alle Möglichkeiten wahrnehmen, sonst wird unser Leben beliebig. Und am Ende stehen wir da und sind verzweifelt: Ich habe versucht, alles zu machen, aber nun weiß ich nicht mehr, welche Richtung mein Leben hat.

***Wie erklären Sie einem Arbeiter aus Rumänien, dass er aufhören soll zu konsumieren, dass er die nächste etwas größere Wohnung, auf die er spart, nicht mehr braucht?***

Natürlich ist das eine Argumentation, bei der man auch leicht in die Elitefalle tappen kann: Ich als Professor in einem Wohlfahrtsstaat wäre der Letzte, der sich anmaßen kann zu entscheiden, wann jemand genug hat. Ich habe nichts gegen Leute, die mehr Geld verdienen wollen. Ich mag das selber auch. Es geht mir nur darum, dass wir ab und zu über unser Leben reflektieren sollten: Ist jetzt womöglich der Punkt erreicht, wo sich noch mehr abmühen und mehr Geld verdienen mich nicht glücklicher machen wird – sondern nur beschäftigter? Bescheidenheit ist ein altmodisches Wort, aber ich mag es sehr. Wir müssen wieder die Kunst der Selbstbeherrschung erlernen.

***Sie sprechen von Bescheidenheit und Selbstbeherrschung, aber Ihr jüngstes Buch verspricht, dass Verzicht Spaß macht. Das passt doch nicht zusammen.***

Der Spaß stellt sich mit dem Verzicht ein. Der Philosoph Søren Kierkegaard hat ein Buch geschrieben: „Die Reinheit des Herzens“. Kierkegaard betonte, dass ein gutes Leben darin besteht, sich mit etwas verbunden und dem verpflichtet zu fühlen – „committed“, wie man im Englischen sagt. Man kann sich aber nicht etlichen Dingen, Personen, Ideen „committen“. Insofern meint es nichts anderes als herauszufinden, was einem grundsätzlich wichtig und wertvoll ist, und dem Zeit zu widmen. Das ist es, was unserem Leben Form und Gestalt gibt.

***Das ist einfacher gesagt als getan. Wie finde ich heraus, was wichtig und wertvoll ist?***

Nehmen Sie Ihre eigenen Gefühle ernst. Vielleicht spüren Sie Langeweile, vielleicht sogar Verzweiflung. Das sind Anzeichen dafür, dass Sie kürzertreten sollten. Mir hat bei der Entscheidung auch geholfen, wirtschaftliche Studien zu lesen. Die sagen ganz klar: Wenn die Grundbedürfnisse befriedigt sind, macht mehr Geld nicht glücklicher.

***Muss es mir erst richtig schlecht gehen, um bereit für den Verzicht zu sein?***

Ich glaube, viele Leute finden vor allem in Krisen heraus, was ihnen wirklich wichtig ist. In Situationen, wo sie gezwungen sind, eine eindeutige Wahl zu treffen: entweder A oder B. Diese Wahl versuchen wir sonst zu vermeiden, wir wollen uns lieber alle Türen offen halten. Und das verhindert echtes Commitment. Dabei hat ein minimalistisches Leben eine gewisse Ästhetik.

***Wenn Sie Ästhetik sagen, denke ich sofort an reduziert eingerichtete***

> »Zu teilen, maßzuhalten gehört zum **Menschsein,** das wird nur manchmal **vergessen** in unserer kapitalistischen Gesellschaft«

Svend Brinkmann plädiert dafür, »ästhetische Landschaften« zu kultivieren, real wie metaphorisch – und auch öfter mal Nein zu sagen

***skandinavische Landhäuser mit viel leerer Fläche und teuren Möbeln.***

Es geht mir weniger um individuelle Lösungen als um kollektivistische. Es ist so viel einfacher, Freude am Weniger zu haben, wenn das, was wir haben, ansprechend ist. Damit meine ich aber vor allem die Umgebung, in der man lebt: Wenn ich beispielsweise in einer angenehmen Nachbarschaft wohne, in der ich mich gern aufhalte, grüne Parks, Spielplätze für die Kinder, Kulturzentren, öffentlicher Nahverkehr – dann fällt es mir vielleicht leichter, auf ein großes Haus, einen großen Garten, große Autos für mich allein zu verzichten. Es geht darum, ästhetische Landschaften zu kultivieren, real wie metaphorisch.

***Kennen Sie Marie Kondo, die berühmt für ihre Bücher über das Aufräumen ist?***

Ja. Sie rät, jede einzelne Sache in die Hand zu nehmen und sich zu fragen: Macht es mir Freude? Das ist für sie das einzige Kriterium, etwas zu behalten. Ich denke, dass diese Frage ein guter Ansatz ist – aber wenn es darum geht, wie wir unser Leben gestalten, ist sie allein nicht ausreichend. Die zweite Frage, die wir stellen müssen, ist: Was sind meine Verpflichtungen. Wenn wir unsere Kinder anschauen, die sich gerade unmöglich benehmen, hilft es uns auch nicht weiter, wenn wir uns fragen: Machen sie mir in diesem Moment Freude? Nein, Menschen haben auch Verpflichtungen, ihrer Familie gegenüber, ihren Freunden, ihren Kollegen.

Das macht nicht immer und jederzeit Spaß, aber es gehört dazu. Und es kann sehr befreiend sein, das zu akzeptieren.

***Wie hat sich Ihr Leben verändert, seitdem sie Bücher veröffentlichen?***

Ich war vorher ein einfacher dänischer Professor. Außer meinen Studenten kannte mich niemand in der Öffentlichkeit. Mein erstes Buch „Pfeif drauf!“ beschäftigte sich mit dem Selbstoptimierungswahn und wurde inzwischen in 20 Sprachen übersetzt. Ich war in Dänemark plötzlich ein öffentlicher Intellektueller. Ich bekam Interview-Anfragen, Einladungen für Vorträge, Veröffentlichungen, Reisen. Das war alles natürlich aufregend, interessant und auch finanziell attraktiv. Aber es war viel zu viel. Ich musste lernen zu verzichten.

***Wie haben Sie das geschafft?***

Ich arbeite immer noch daran. Ich lerne, Nein zu sagen. Ich versuche mich auch mit kleinen Tricks selbst zu kontrollieren. Ich habe es mir zum Beispiel angewöhnt, mein Smartphone weit von mir wegzulegen, wenn ich arbeite. Wenn ich danach greifen möchte, um Nachrichten zu lesen oder soziale Medien zu konsumieren, komme ich nicht ran. So kann ich leichter verzichten und fokussiere mich auf die Handlung, die ich gerade ausübe.

***Und wenn Sie das Telefon wieder jederzeit bei sich tragen würden?***

Ich befürchte, dann würde ich schnell wieder in alte Routinen zurückfallen. Verzicht ist nicht einfach, aber es geht mir besser damit. ‹

# Wege zum *alternativen* Hedonismus

**Mit weniger Rohstoffen und weniger Energie mehr produzieren und zugleich die Natur schonen – das gilt noch immer als Königsweg aus dem Wachstumsdilemma. Zu Unrecht. Denn es gibt andere, bessere Ideen, wie man gut leben kann, ohne den Planeten zu überlasten**

**Pflücken erlaubt statt Betreten verboten**
In Andernach am Rhein lässt die Stadtverwaltung Gemüse, Obst und Kräuter anbauen – und jeder darf sich bedienen. Das soll auch die Wertschätzung für regionale Produkte steigern

Text: Hanne **Tügel**

Die Wortschöpfung „Zuvielisation" ist zum ersten Mal Ende der 1990er Jahre aufgetaucht. In den Duden hat es der Begriff bis heute nicht geschafft. Doch er könnte Karriere machen, weil das Zuviel in der Gesellschaft der Gegenwart neue Rekorde erreicht.

Ein drastisches Beispiel ist Plastik, das Allzweckmaterial der Einweg-to-go-Gesellschaft – billig, leicht, bequem zu handhaben. Dass inzwischen geschätzt acht Millionen Tonnen pro Jahr als Abfall in die Weltmeere schwappen, war nie vorgesehen.

Der UN-Generalsekretär António Guterres wählte dafür 2018 ein überaus deutliches Bild: Wenn die Verschmutzung so weitergehe, werde im Jahr 2050 „mehr Plastik als Fisch" im Ozean schwimmen.

Verantwortlich für die Krise ist kein besonderer Vorfall, kein Chemieunglück, kein Ultragift. Es ist das ganz normale Wirtschaften. Die Übernutzung der Umwelt rächt sich. Mitten im Pazifik haben Meeresströmungen einen Müllstrudel angeschwemmt, den „Great Pacific Garbage Patch", der inzwischen fast viermal so groß ist wie Deutschland. In der Tiefe des Marianengrabens stieß ein Tauchroboter 6500 Meter unter der Meeresoberfläche auf eine neue Flohkrebsart. Sie gaben ihr den Namen *Eurythenes plasticus* – der gefangene Krebs hatte eine PET-Faser im Körper. Auch im ewigen Eis der Arktis und der

Antarktis finden sich Mikroplastikpartikel. Plastik ist das vielleicht offensichtlichste Warnsignal dafür, dass die Menschheit der 7,85 Milliarden mit ihrer Art des Wirtschaftens in einer Sackgasse gelandet ist. Um gegenzusteuern, wird es nicht reichen, Wattestäbchen und Plastiktrinkhalme zu verbieten.

Umkehr tut not. Es ist höchste Zeit, grundsätzlich über Wirtschaft, Wachstum, Wertschöpfung und Wohlstand nachzudenken. Über die Folgen des „Immer mehr" bei Produktion und Konsum. Über die leise innere Stimme, die sagt, dass es nicht ewig so weitergehen kann. Auf der einen Seite mit der Übersättigung in den Gesellschaften der Wohlhabenden: Allein in Deutschland entsorgen jede Bürgerin und jeder Bürger pro Jahr neben Unmengen Verpackungsmüll auch 75 Kilogramm Lebensmittel, knapp fünf Kilogramm Textilien und etwa fünf Paar Schuhe. Auf der anderen Seite mit der Not der Armen, bei denen etwas Wachstum ankommen müsste, damit sie sich wenigstens das Lebensnotwendigste leisten können.

Heute wissen wir ziemlich genau, wie weit wir jene Begrenzungen überschreiten, die uns die Natur vorgibt.

Alljährlich kalkuliert die Organisation „Global Footprint Network" den „ökologischen Fußabdruck" der Menschheit, also den Naturverbrauch, den der Mensch der Biosphäre zumutet. Ende der 1960er Jahre stand dieser Fußabdruck gerade noch in Balance zum natürlichen Regenerationspotenzial der Erde. Seitdem hat sich das Verhältnis drastisch verschlechtert. 2019 verbrauchte die Menschheit rechnerisch schon 1,75 Planeten.

2020 hat das Corona-Virus der Erde eine kleine Pause verschafft. Der globale ökologische Fußabdruck war 9,3 Prozent kleiner als 2019. Grund waren beherzte Entscheidungen. Im Fall der Viruskrise sahen sich Politiker gezwungen, Verbote und Verzicht zu predigen und durchzusetzen, und die Bevölkerung zog einsichtig mit. Könnte das ein Vorbild sein für die anderen Krisen der Gegenwart?

Theoretisch ja. Doch Erderhitzung, Artenverlust oder Plastikmüllmassen bedrohen die eigene Gesundheit nicht so unmittelbar wie Covid-19. Außerdem ist kein Impfstoff denkbar, der vor steigendem Meeresspiegel oder Treibhausklima retten könnte. Deshalb erweist sich das Problem, das Zuviel zu zähmen, als besonders tückisch.

## *Die Zahlen der Wirtschaft – eine trügerische Messlatte*

Wer verstehen will, warum Über-Überfluss unseren Alltag prägt, muss sich mit dem Imperativ der herrschenden Volkswirtschaftslehre beschäftigen, die unbeirrt in Richtung „immer mehr, schneller, weiter" strebt: Danach gilt Wirtschaftswachstum als Schlüssel für Wohlstand. Die Messlatte, die alle Nationen zum Vergleich nutzen, ist das

**Lange Lebensdauer, keine Wegwerfmentalität**

Die österreichischen »Waldviertler«-Schuhe entstehen in Handarbeit, mit regionalen Materialien. Den Erfolg des Unternehmens misst Firmenchef Heini Staudinger auch am Nutzen für Mitarbeiter, Gesellschaft und Umwelt

**Pop-up-»Universität« mit Pool**

Im Regensammelbecken des Tempelhofer Feldes in Berlin-Kreuzberg enstand 2018 eine temporäre »Hochschule« für den Kiez. In Workshops entwickelten die Teilnehmer Ideen für eine nachhaltige Stadtentwicklung

Bruttoinlandsprodukt (BIP), das die jährliche Wirtschaftsleistung eines Landes in Euro, Dollar oder Yen ausdrückt. Dieser Maßstab ist aus verschiedenen Gründen fragwürdig.

• Er berechnet, ohne zu werten. Als Summe aller Waren und Dienstleistungen wird alles addiert, wofür Geld bezahlt wird – auch wenn ein Tanker zerbricht oder ein Hurrikan die Küste zerstört. Alles trägt nach diesem Prinzip vermeintlich zum Wohlstand bei, denn die Sanierungsmilliarden steigern das BIP und lassen die Wirtschaft wachsen.

• Er kennt keine Saldenbildung. Die Schäden, die bei solchen Katastrophen den ökologischen Fußabdruck erhöhen und die Natur ruinieren, fließen nicht als Negativposten in die Berechnung ein.

• Er unterschlägt den Wert aller unentgeltlichen Tätigkeiten. Die Kindererziehung jenseits von Schule und Kita, die Altenpflege zu Hause, die Nachbarschaftshilfe, das ehrenamtliche Engagement kommen nicht vor, solange keine Geldströme fließen.

**Offensichtlich brauchen wir** für die Beurteilung von Wachstum und Wohlstand ein neues Instrumentarium. Doch das Wachstumsdogma anzutasten, erscheint wie das Öffnen der Büchse der Pandora. Wären nicht bei Stillstand oder Schrumpfkurs Massenarbeitslosigkeit und Chaos programmiert? Die zornige Gegenfrage stellt Fridays for Future: „Warum auf eine Zukunft bauen, die bald nicht mehr lebenswert sein wird?“

Und Klimaforscher warnen: Ein ungezügeltes „Weiter so“ könnte Kipppunkte überschreiten, wodurch das Leben auf dem Planeten aus der Balance gerät – mit unbeherrschbaren Folgen.

Wie heikel das Thema ist, hat als einer der Ersten der englische Ökonom Tim Jackson 2009 erlebt. Als Wirtschaftsberater der britischen Regierung hatte er den Auftrag, gemeinsam mit deren Nachhaltigkeitskommission einen Bericht zur Bedeutung des Wohlstands „in einer Welt der ökologischen und sozialen Grenzen“ zu erarbeiten. Das Ergebnis war ein 136-seitiges Papier mit einem provokanten Titel: „Wohlstand ohne Wachstum?“

Trotz des vorsichtigen Fragezeichens brach kurz vor der offiziellen Vorstellung die Hölle los. „Downing

***Das Wachstumsdogma anzutasten erscheint wie das Öffnen der Büchse der Pandora. Ein Schrumpfkurs führt angeblich zum Chaos***

**Eine genießbare Lebensmittelverschwendung**

Die Macherinnen des Projekts »Zur Tonne« in Dresden bewahren aussortierte Nahrungsmittel vor der Entsorgung – und bereiten daraus komplette Mahlzeiten. Gäste zahlen dafür nur so viel, wie sie können

Street ist total ausgerastet", ließ ein Staatssekretär den Autor wissen. Die Finanzkrise war noch in frischer Erinnerung, in London stand ein G20-Gipfel bevor, bei dem es darum gehen sollte, das Wachstum wieder anzukurbeln. Da kam grundsätzliche Skepsis zur Unzeit.

Der Bericht erschien, aber die Medien, die angekündigt hatten, ihn zu diskutieren, waren wie auf Knopfdruck verstummt. Vereinbarte Titelbeiträge erschienen nicht; ein geplantes BBC-Interview fand nicht statt. Über das Internet fand Jacksons Studie dennoch Publikum. In 17 Sprachen übersetzt und 2016 aktualisiert gilt der Text heute als Pionierarbeit der „Postwachstums-Ökonomie". Tim Jackson leitet inzwischen neben seiner wissenschaftlichen Arbeit das „Zentrum für das Verständnis nachhaltigen Wohlstands".

Inzwischen versucht die Politik, sich dem Dilemma auf andere Art zu nähern. „Green New Deal" heißt der Plan, mit dem die EU Europa bis 2050 klimaneutral machen will. Kommissionspräsidentin Ursula von der Leyen hat den Abschied vom „alten Wachstumsmodell" angekündigt, das auf fossilen Energien und Verschmutzung beruht. Die neue Strategie nennt sie „ein Wachstum, das mehr zurückgibt, als es wegnimmt". Umweltfreundliche Techniksysteme und Produkte sollen umweltschädliche ablösen, und zwar so effizient, dass der Rohstoffverbrauch trotz Wachstum nicht weiter steigt, Arbeitsplätze erhalten bleiben, das Naturkapital nicht weiter angegriffen wird und der Wohlstand sich mehrt. Die Idee klingt überzeugend – bis man sie genauer prüft.

**Effizienz reduziert keineswegs immer den Rohstoffverbrauch. Häufig kommt es zum Mehrverbrauch an anderer Stelle**

### *Die Mathematik und der menschliche Faktor*

Ansätze wie der „Green New Deal" beruhen auf der Annahme, dass sich Wachstum vom Ressourcenverbrauch „entkoppeln" lässt. Wer mit weniger Rohstoffen dasselbe oder ein besseres Produkt herstellen kann, schont die Umwelt – eine triviale Erkenntnis, oder? Die Rechnung hat einen Haken. Den nennen Wissenschaftler „Rebound-Effekt". Der Begriff bedeutet Rückprall. Im realen ökonomischen Alltag reduziert Effizienz keineswegs immer den Rohstoffverbrauch. Einsparung an einer Stelle führt stattdessen häufig zu Mehrverbrauch an einer anderen.

Paradebeispiel ist das Automobil. Zwar haben Ingenieure in den vergangenen Jahrzehnten Motoren entwickelt, die aus Kraftstoff sehr viel mehr herauskitzeln als je zuvor. Doch das Ergebnis war nicht das standardmäßige Drei-Liter-Auto, an dem sich nicht viel verdienen lässt. Stattdessen begeisterten Automobilhersteller ihre Kunden für schwerere Fahrzeuge mit viel mehr PS und bis zu 100 energieschluckenden Zusatzgeräten wie Fensterhebern, Scheinwerfer-Waschanlage, beheizbaren Außenspiegeln, Klimaanlage, Heckscheiben-, Lenkrad- und Sitzheizung. Außerdem boomen Lastwagentransporte. Die Folge: Der Kraftstoffverbrauch in Deutschland war 2018 zwei Prozent höher als zwei Jahrzehnte zuvor.

Mathematik, auf die wirkliche Welt angewandt, kollidiert mit dem Faktor Mensch – mit seinen Schwächen, seinen heimlichen Wünschen, seinem Talent zum Selbstbetrug. Statistiken zum Rebound-Effekt zeigen: Ein sparsameres Auto verlockt die stolzen Besitzer zu zusätzlichen Spritztouren. Der Stromfresserkühlschrank, der in der Küche einem ökologischeren Modell Platz macht, führt oft ein nächstes Leben als Zweitgerät im Keller. Nach dem Umzug ins gut gedämmte Haus sinkt der Heizbedarf zwar pro Quadratmeter, dort ist aber fast immer mehr Fläche zu erwärmen. Rebound gleicht also dem Jo-Jo-Effekt bei der Diät: Die möglichen und erhofften Resultate treffen, wenn überhaupt, nur zum Teil ein.

G

Gibt es denn kein Genug? Technikfreunde erzählen gern die Anekdote, dass die Rechenleistung des Bordcomputers der Mondlandefähre bei der Apollo-11-Mission im Jahr 1969 etwa der eines Mikroprozessors in einer digitalen Armbanduhr Jahre später entsprach. Dieser Computer war rund 30 Kilogramm schwer; sein Arbeitsspeicher hatte eine Kapazität von etwa vier Kilobyte. Ein Meilenstein.

Smartphones von heute werben mit einem Arbeitsspeicher von zwölf Gigabyte. Sie trumpfen mit einer Rechenleistung auf, die für Bataillone von Apollo-Fähren ausreichen würde, wiegen weniger als 200 Gramm, und das zum Preis eines halbwegs ordentlichen Fahrrads.

Auf den Mond bringen sie ihre Besitzer noch nicht, aber sonst sind sie Meister der Vielseitigkeit – beliebig verwendbar als Mini-PC, -Radio, -Zeitung, -Fernsehgerät, -Kino, -Konzertsaal oder -Spielhalle. Sie machen Musik, sie faxen und navigieren. Sie halten Kontakt zu Bekannten. Man kann mit ihnen an der Börse in Tokio spekulieren, Opernkarten in Sydney buchen und Pizza bestellen. Sie ersetzen Uhr, Kamera, Diktiergerät oder Wetterstation und agieren notfalls auch als Taschenlampe.

Wenn alle Smartphone-Besitzer diese Kapazitäten ausreizen würden, könnte man Abermillionen anderer Geräte außer Dienst stellen und unendlich viel Energie und Wege sparen. Keiner müsste eigentlich noch zur Bank, zur Post, ins Restaurant, ins Kino, ins Konzert. Doch auf Optionen zu verzichten, statt sie zu vervielfältigen, ist im Fortschrittsdenken der Moderne nicht vorgesehen; es strebt nach ständiger Ausdehnung des Warenuniversums.

Als Verbraucher sind wir das gewöhnt und jonglieren routiniert mit dem Überfluss. Wer Geld hat, lässt sich in der Regel ein auf den real existierenden Konsumismus, den der US-Marketingpionier Victor Lebov schon 1955 ausgemalt hat. „Unsere enorm produktive Wirtschaft verlangt, dass wir das Konsumieren zum Lebensstil machen", schrieb er. Notwendig sei, „dass wir das Kaufen und Verbrauchen von Gütern als Ritual gestalten, dass wir die spirituelle Erfüllung, die Befriedigung

**Frisch vom Feld und artgerecht**

Auf 40 Hektar Land wirtschaften Mitarbeiterinnen und Mitarbeiter des Markushofs in Maisbach nahe Heidelberg nach strengen Bioland-Richtlinien. Im Hofladen werden Obst, Gemüse, Getreide und Kartoffeln verkauft

des Egos im Konsum suchen." Seine Schlussfolgerung war, „dass die Dinge in immer größerer Geschwindigkeit verbraucht, verbrannt, verschlissen, ersetzt und weggeworfen werden müssen". So weit scheinen wir heute zu sein.

Eines allerdings haben die Fans des ewigen Wachstums nicht bedacht. Die Highspeed-Ex-und-Hopp-Kultur verschleißt nicht nur die Waren, sondern auch die Benutzer. Nicht nur die Natur leidet unter zunehmender Erschöpfung, auch die Menschen sind erschöpft.

Rebellion naht, wenn in Zeiten der Entkräftung ältere Werte aufflackern, die unbezahlbar sind: Zeit zu haben für sich und andere; sich gegenseitig zu helfen, zu gärtnern, kreativ zu sein, zu faulenzen. Da setzen jene an, die bei Wohlstand nicht mehr nur an ihr Bankkonto denken.

### *Wohlstand neu definieren*

Mit Greta Thunberg und ihrem Schulstreik für das Klima hat das Verlangen nach einem Wertewandel eine unüberhörbare Stimme bekommen. „Fridays for Future" rollt die Vision einer Zukunft aus, die anders ist – klimafreundlich, global und sozial gerechter und rücksichtsvoll im Blick auf die folgenden Generationen. Inzwischen haben sich „for Future"- Initiativen der Elterngeneration den Forderungen der Jugendlichen angeschlossen – Artists, Entrepreneurs, Farmers, Parents, Psychologists, Scientists, Teachers for Future.

Wer genauer schaut, sieht auf lokaler Ebene eine Fülle von Mit- und Mutmach-Modellen, die Utopie heute schon in Alltag verwandeln. Zero-Waste-Initiativen sagen der Plastikflut den Kampf an. 73 Stadtparlamente zwischen Kiel und Konstanz haben den „Klimanotstand" ausgerufen und sich verpflichtet, Klimaschutz bei politischen Entscheidungen vordringlich zu behandeln.

Architektinnen und Architekten von Helsinki bis Melbourne geben Städten durch eine „urbane Akupunktur" mit neuen Parks, öffentlichen Treffpunkten wie Bibliotheken und entschleunigtem Verkehr Charme und Charakter zurück. 2200 Firmen weltweit definieren durch Gemeinwohlbilanzen die Ziele ihres Wirtschaftens neu. Per Los zusammengesetzte Bürgerinnenräte hauchen der Politik vor Ort frisches Leben ein.

Die Praxis einer „regenerativen Agrikultur" zeigt, wie man mit Bodenaufbau, ans Mikroklima angepassten Pflanzen, Mischkulturen und klugen Fruchtfolgen erstaunliche Ernten einbringen kann. Initiativen für solidarische Landwirtschaft stärken die Zusammenarbeit zwischen Stadt und Land.

„Abschied vom Größenwahn" haben Ute Scheub und Christian Küttner ihr Buch genannt, das solche Beispiele in einen gemeinsamen Rahmen stellt. Sie zeigen ein Puzzle von beeindruckenden Initiativen, die überregional kaum jemand zur Kenntnis nimmt. „Kosmopolitischen Lokalismus", empfiehlt das Autorenduo. Mit Studien belegt es, wie heilsam dieses Rezept sein könnte, wenn es in großem Maßstab zur Geltung käme.

So hat ein internationales Team um den schwedischen Klimaforscher Johan Rockström, der inzwischen Direktor des Potsdamer Instituts für Klimaforschung ist, in dreijähriger Arbeit eine „planetare Gesundheits-Diät" errechnet: Pro Tag und Person umfasst sie (jeweils gerundet) 500 Gramm Obst

**Ein Ort zum Bauen, Wohnen und Lernen**

Am Schaalsee in Mecklenburg-Vorpommern errichtet die Gemeinschaft »Wir bauen Zukunft« Tiny Houses, bewirtschaftet einen Waldgarten, veranstaltet Seminare und betreibt eine offene Werkstatt

und Gemüse, 250 Gramm Milchprodukte, 230 Gramm Getreide, 75 Gramm Hülsenfrüchte, 50 Gramm Nüsse, insgesamt 85 Gramm Fleisch, Fisch und Eier. Pro Kopf stünden damit 2500 kcal zur Verfügung. Das bedeutet weniger Fleisch und Zucker als bisher, dafür mehr pflanzliche Proteine und Milchprodukte. Die Umstellung auf diese Kost könnte zehn Milliarden Menschen ernähren und zugleich Biodiversität, Bodenfruchtbarkeit und Wasserressourcen erhalten.

Die gute Nachricht solcher wissenschaftlichen Arbeiten lautet: Es geht auch anders als bisher – weg vom Zuviel, hin zum Genug. Gesellschaften von morgen können die planetaren Grenzen beachten und zugleich die Grundbedürfnisse all ihrer Bürgerinnen erfüllen. Sie können, wie Wachstumskritiker Tim Jackson schreibt, eine Wirtschaft entwickeln, „die geeignet ist, dauerhaften Wohlstand herzustellen". Nahrung, Kleidung, Unterkunft, Energie, Gesundheit und Bildung gehören als materielle Grundversorgung dazu, aber genauso wichtig sind immaterielle Werte wie politische Teilhabe, Entfaltung von Kreativität und der Schutz der Naturressourcen.

**S**

Schlüssel für die Umsetzung ist eine Qualität namens „Suffizienz", Genügsamkeit. Der Wirtschaftswissenschaftler Niko Paech ist einer der deutschen Vordenker, der sie populär machen will. „All you need is less", heißt sein aktuelles Buch-Plädoyer dafür.

Paech ruft dazu auf, das eigene Leben zu entschleunigen, zu entrümpeln und zu entkommerzialisieren. In seiner Vision eines suffizienten Wirtschaftsmodells findet nur noch die Hälfte der bisherigen Arbeitszeit im kommerziellen Sektor statt. Denn wer weniger konsumiert, braucht weniger Geld. Dafür können sich die Genügsamen mehr Muße leisten und sparsame Lebensstile testen, die in der Konsumismuswelt aus der Mode gekommen sind:

- Sie intensivieren die Nutzung von vorhandenen Waren durch gemeinsame Anschaffungen, Teilen, Leihen und Secondhand. Das geschieht in privaten Netzwerken, Nachbarschaftsgruppen oder lokalen Tauschringen.
- Sie verlängern die Nutzungsdauer von Waren durch sorgfältigen Umgang, Pflege, Instandhaltung und Reparatur. Damit verbrauchen sie weniger Material, eignen sich neue Fertigkeiten an und verringern die Abhängigkeit von Experten.
- Sie produzieren mehr selbst – durch Eigenanbau in Haus-, Dach-, Balkon- und Gemeinschaftsgärten, durch handwerkliche Arbeiten von Schneidern über Holzarbeit bis zum Programmieren von Open-Source-Software, durch Schulungen, Beratungen, Kunstaktionen und Pflegeleistungen.

Weniger Dinge, weniger Ex-und-Hopp, weniger Müll, mehr Beziehung zu Mitmenschen und Natur – Tim Jackson hat für diese Lebenshaltung den Begriff „alternativer Hedonismus" benutzt. Ute Scheub und Christian Küttner sprechen von „Genüssamkeit", einer Kombination aus Genuss und Genügsamkeit. Ein fröhliches Leben, dessen Grundlagen für alle reichen, das klingt nach einem vernünftigen und verlockenden Ziel. Warum wirkt die Vision eines Morgen-Lands, in dem es Realität wird, dennoch eher wie eine Fata Morgana?

### *Von technologischen Denkmälern und Psychotricks*

Das Zuviel im Leben beklagen viele Menschen, ernsthafte Konsequenzen ziehen (noch) wenige. Nicht nur Politikerinnen wie Ursula von der Leyen und Lobbyistinnen wie Hildgard Müller, Präsidentin des Verbandes der Automobilindustrie (VDA) schüren Angst vor den Folgen einer schrumpfenden Wirtschaft. Auch die meisten ökologischen Vordenker setzen, anders als Tim Jackson und Niko Paech, lieber auf technische Lösungen in Grün als auf menschliche Bescheidenheit.

Fortschrittsverweigerer gelten als „Partykiller", denn Einfachheit beleidige „die Gestaltungslogik einer überakademisierten Gesellschaft", schreibt Paech. Diese Logik glaube, „auf jede Herausforderung mit komplexem Bildungs-, Planungs-, Investitions- und Technikaufwand reagieren zu müssen".

## *Wie wäre es mit »Suffizienz«? Das Leben* **entschleunigen, entkommerzialisieren,** *mehr Beziehung zu Mitmenschen und Natur*

Ergebnis seien Neuerungen, die sich „als technologische Denkmäler inszenieren lassen ... 200 Meter hohe Windkraftanlagen, Passivhäuser, Wasserstoffantriebe". Die Summe sparsamen Verhaltens bleibe dagegen „selbst dann weitgehend unsichtbar, wenn sie, verglichen damit, ein Vielfaches an Energie und $CO_2$-Emissionen vermeide".

Welche Chancen haben Genügsamkeitsmodelle in dieser Situation? Auch wenn Kalifornien brennt, in Brandenburg das Wasser auszugehen droht und das arktische Eis schmilzt – Wählermehrheiten für eine Politik, die sich gegen Wirtschaftswachstum ausspricht, sind nicht in Sicht. Postwachstumsvordenker vertrauen auf eine „stille Revolution" durch jene Initiativen, die heute schon „ein Leben mit mehr Ethik, Einfachheit und Nachhaltigkeit" führen. Sie können Vorbilder sein für existenzielle Krisen in der Zukunft.

Vielleicht muss es dazu nicht kommen. Unterstützung im Kampf gegen das „weiter so" leisten neuerdings Menschen, die bisher zur passiven Mehrheit gehört haben und nun in den „for Future"-Bewegungen aktiv sind. Frauen wie Lea Dohm. Die 38-Jährige ist Psychotherapeutin mit eigener Praxis in

Buchtipps

# Strategien für eine bessere Welt

## Hoffnung säen

In dem Klassiker der Postwachstums-Theorie erklärt Tim Jackson, Professor für Nachhaltige Wirtschaft an der Universität Surrey, warum unendliches Wachstum in einer endlichen Welt eine Illusion ist. Er entwickelt eine „Wirtschaftswissenschaft im Dienst der Hoffnung" – mit Wohlstand ohne Wachstumszwang.

Die lateinischen Wurzeln des englischen Begriffs „prosperity" weisen ihm den Weg: „Es geht bei Wohlstand um Hoffnung. Hoffnung für die Zukunft. Hoffnung für unsere Kinder. Hoffnung für uns selbst."

***Tim Jackson: Wohlstand ohne Wachstum – das Update***
*Oekom 2017, 368 Seiten, 20 Euro*

## Besser planen, bitte!

Die acht Autoren und Autorinnen dieses Buchs sind 18 bis 25 Jahre alt, Studierende, aktiv in der Politik und für das Klima. Schonungslos nehmen sie die Fehler und Unterlassungen der Erwachsenengeneration unter die Lupe. Ihr Plädoyer für „radikal neue Entwürfe unseres Zusammenlebens auf diesem Planeten" unterstreichen sie mit 100 Forderungen, von der Aufforstung einer Milliarde Hektar Land weltweit über den Stopp von Spekulationsgeschäften und das Verbot von Pestiziden bis 2025 bis zum Entwurf eines zukunftsfähigen Rentensystems.

***Der Jugendrat der Generationen Stiftung: Ihr habt keinen Plan, darum machen wir einen!***
*Blessing 2019, 272 Seiten, 12 Euro*

## Weniger ist mehr

Ute Scheub ist Autorin mit Vorliebe für konstruktive Ansätze in den Bereichen Frieden, Frauenpolitik und Ökologie, Christian Küttner Bürgeraktivist in der Berliner Kommunalpolitik. Zusammen haben sie ein ideensprühendes Buch verfasst. Inspiriert von Aristoteles und Leonardo da Vinci, Konfuzius, Kant und Kästner, denkt das Autorenduo den berühmten Slogan „Weniger ist mehr" weiter und liefert Beispiele von Initiativen, die schon realisieren, wovon andere kaum zu träumen wagen. Grundhaltung: Lasst euch nicht einreden, dass das egozentrische Dasein alternativlos ist!

***Ute Scheub, Christian Küttner: Abschied vom Größenwahn.***
*Oekom 2020, 288 Seiten, 22 Euro*

## Süße Wirtschaft

Kate Raworth bezeichnet sich als abtrünnige Wirtschaftswissenschaftlerin. Sie hat in Afrika geforscht und bei der Hilfsorganisation Oxfam gearbeitet. Die Vision ihrer Zukunftswirtschaft hat sie nach dem süßen Teigkringel „Donut-Ökonomie" getauft. Der Ring steht für das Dasein, in dem alle auf dieser Erde gut von und mit den Schätzen des Planeten leben können: Individuelle Grundbedürfnisse und politische Teilhabe sind gewährleistet. Alle tragen Sorge, die planetarischen Grenzen nicht zu überlasten und die Biodiversität zu erhalten.

***Kate Raworth: Die Donut-Ökonomie.***
*Hanser 2018, 416 Seiten, 24 Euro*

## Gegen die Gier

Postwachstumstheorie trifft Buddhismus: Die Analyse des Wirtschaftswissenschaftlers Niko Paech beschäftigt sich damit, wie sich die moderne Ökonomie zur „Gier-Wirtschaft" entwickelt hat, bei der „Konsum das zentrale Heiligtum der Moderne" ist. Ko-Autor Manfred Folkers erklärt, wie der Buddhismus dem „Immer-mehr-haben-Wollen" entgegenwirkt: durch Qualitäten wie Mitgefühl und Freude, aber auch Güte und Gleichmut, um nicht zu verzweifeln. Als Ergebnis winkt Entlastung: „Weniger Eile. Weniger Verdichtung. Weniger Entfremdung und Burn-out."

***Manfred Folkers, Niko Paech: All you need is less.***
*Oekom 2020, 256 Seiten, 20 Euro*

## Reparatur statt Revolution

Der moderne Kapitalismus ist für die Autoren ein hässliches Zerrbild, das mit der ursprünglichen Idee der Marktwirtschaft nicht mehr viel zu tun hat. Die Ursachen sehen sie in einer ungezügelten Rohstoffausbeutung, in Finanzregeln, die Reiche immer reicher machen, in der Macht von Großkonzernen, die nicht mehr beherrschbar zu sein scheinen.

Das Buch skizziert Ideen, diese Missstände einzudämmen. So könnte die Marktwirtschaft als renovierte Utopie ihre wahre Bestimmung entfalten.

***Oliver Richters, Andreas Siemoneit: Marktwirtschaft reparieren.***
*Oekom 2019, 200 Seiten, 17 Euro*

**Kleidertauschparty und Repariertreff**
Im sächsischen Wurzen leben mehr als ein Dutzend Frauen und Männer im Wohnprojekt »Kanthaus« – und teilen so gut wie alles, auch den »Communal Sleeping Room«. Ziel ist ein effektiver Umgang mit allen Ressourcen. Außerdem entwickeln die Bewohner zusammen Open-Source-Software

Stadthagen in Niedersachsen. Im April 2019 hat sie zusammen mit einer Kollegin die „Psychologists for Future" gegründet.

Die Zeit scheint reif gewesen zu sein – inzwischen engagieren sich 600 Fachkollegen in 30 lokalen und überregionalen Arbeitsgruppen. Sie glauben, dass gerade ihre Disziplin beitragen kann, die Hilflosigkeit angesichts der Klimakrise zu überwinden. Denn Psychologen kennen die Tricks der Psyche, die notwendige Verhaltensänderungen und politisches Handeln verhindern oder fördern.

D

Die Klimakrise ist für unsere unmittelbare Wahrnehmung zu komplex", sagt Lea Dohm: „$CO_2$-Moleküle sind unsichtbar; Tierarten sterben nicht in unserem Wohnzimmer aus." Menschen hätten aber nur eine begrenzte Kapazität, mit Sorgen zu jonglieren, und dieser „finite pool of worries" sei im Alltag schnell aufgebraucht.

Um in dieser Situation nicht von Ohnmachtsgefühlen überwältigt zu werden, schaltet die Psyche auf Abwehr. Stichworte heißen Verleugnung („Was da behauptet wird, stimmt doch alles gar nicht"), Verdrängung („Anderes ist dringender"), Bagatellisierung („Es wird schon nicht so schlimm werden") und Verantwortungsdiffusion („Es sollte jemand handeln, aber warum ich?").

Doch die Psychologie weiß auch, wie Abwehr zu überwinden und zu überlisten ist. Menschen lassen sich mitreißen, wenn sie konstruktive Beispiele sehen. Wenn sie zusammen mit Gleichgesinnten für eine Sache aktiv werden können, die Sinn gibt. Wenn dieses Engagement Spaß macht. Wenn sie merken, dass sie selbst wachsen, weil sie sich auf neue, unbequeme Wege begeben. Lea Dohm erlebt das gerade. Sie hat Praxisstunden reduziert. Sie und andere „Psychologists4f"-Mitglieder nehmen sich Zeit, um Workshops zu veranstalten, bei Fachtagungen zu referieren und ehrenamtlich Klima-Aktivisten zu beraten.

Wirtschaft und Politik verwalten Krisen, verteilen Rettungspakete in Multimilliardenhöhe, stopfen Löcher, fürchten neue Pandemien. Psychologischer Rat kommt da gerade recht. Zeiten der Verunsicherung laden dazu ein, zu trainieren, wie man sich von Hilflosigkeit und Ohnmachtsgefühlen befreien kann, um gerüstet zu sein für Krisen aller Art – akute wie Corona und schleichende wie den Fluch der Zuvielisation. ‹

Wir sollten die digitalen Werkzeuge beherrschen – nicht sie uns

Ein Ausstieg aus der modernen Welt ist ein interessantes **Experiment**, wie unser Autor Christoph Koch am eigenen Leib erfahren hat. Doch als **dauerhaftes Modell**, da ist er sicher, taugt es keinesfalls

Illustration: Rinah **Lang**

# ***Digitale*** Versöhnung

Um in unserer modernen Welt premiumglücklich zu werden, gibt es angeblich ein Patentrezept: einfach nur den Stecker ziehen. Smartphone aus, Laptop zuklappen, auf alle digitalen Hilfsmittel verzichten. Sich mit „Digital Detox" mal so richtig entgiften.

Eine digitale Nulldiät? Das klang verlockend – ich hab's versucht.

40 biblische Tage lang verzichtete ich auf das Internet und mein Mobiltelefon. Ich wollte herausfinden, ob ein Leben in jener unvernetzten Welt überhaupt noch möglich ist, die noch vor gut 20 Jahren selbstverständlich gewesen ist. Wie würden sich meine Freundschaften verändern? Könnte ich überhaupt noch effizient arbeiten? Hätte ich plötzlich viel (zu viel?) freie Zeit, befreit vom digitalen Diktat des Immer-erreichbar-Seins?

Das Ergebnis war, sagen wir mal: überraschend und erkenntnisreich. Aber warum sind eigentlich so viele Menschen skeptisch gegenüber der digitalen Revolution? Als die ersten Smartphones auf den Markt kamen, bildeten sich Schlangen vor den Läden. Doch nun, in Zeiten, in denen fast jeder ein Smartphone in der Tasche trägt, haftet der digitalen Welt ein Beigeschmack des Unsinnlichen und Unauthentischen an.

In den Lockdowns der Corona-Pandemie gelten Brotbacken, Maskennähen oder Heimwerken als vorbildliche Arten, seine Zeit im Rückzug zu nutzen. Wer sich hingegen dem Serien-Streaming oder Videospielen hingibt, hängt „guilty pleasures" nach, heimlichen, sündigen Verführungen, über die man lieber nicht spricht.

Je mehr sich das Digitale im Alltag ausbreitet, desto furioser auch der Widerstand dagegen: „Analog ist das neue Bio", der Schlachtruf der Konterrevolution gegen Smartphones, Smartspeaker und Smart Assistants, verspricht Genuss durch Verzicht. Auf Vinyl-Schallplatten passen zwar nur wenige Songs, doch klingen diese angeblich „wärmer" als MP3-Dateien aus dem Internet. Aufklebbare Fotoecken statt Online-Galerien, spartanische Programmkino-Stühle statt gemütliche Netflix-Couch, Druckerschwärze an den Fingern statt Podcasts im Ohr: Wer es ernst meint mit dem guten Leben, so die Quintessenz, der muss es analog genießen. Muss es zelebrieren wie eine den ganzen Sonntag über selbst eingekochte Hühnersuppe. Das Digitale sei stets nur die hektisch aufgegossene Fünf-Minuten-Terrinen-Version.

Aber ist das wirklich so?

In meiner 40-tägigen digitalen Fastenkur gewann ich tatsächlich an Konzentration und sparte Zeit, die ich ansonsten auf Twitter, eBay oder niedliche-hundebabys.de vertrödelt hätte. Aber ich verbrachte auch viel Zeit mit der Suche nach den letzten noch existierenden Telefonzellen. In der Bankfiliale versuchte ich mich daran zu erinnern, wie man Überweisungsformulare korrekt mit dem Kugelschreiber ausfüllt.

Ansonsten ging freie Zeit dafür drauf, auf Freunde zu warten, deren SMS – „Sorry, komme 15 Min. später!“ – mich nie erreichte. Schließlich lag mein Smartphone zu Hause.

So schärfte das digitale Detox meine Sinne: Mir wurde klar, dass die Unterscheidung zwischen gutem analogen und schlechtem digitalen Leben unsinnig ist. Bereits der Wissenschaftsautor und Medientheoretiker Steven Johnson hat in seinem Buch „Everything Bad is Good for You“ dargelegt, dass Fernsehserien, Videospiele und das Internet uns durchaus smarter machen – ohne dass das Gehirn dabei Schaden nehmen würde.

Und tatsächlich: Spiele wie „The Last of Us“ oder „Red Dead Redemption“ haben mehr Tiefgang und bieten feiner gezeichnete Charaktere und Dramaturgie als manches Taschenbuch. Die Frage nach Schrott oder Brillanz entscheidet sich nicht daran, ob für die Verbreitung Bits und Datenkabel oder bedrucktes Papier und Zelluloidrollen benutzt werden. So wechselt der Maler David Hockney spielerisch zwischen Aquarellen, Lithografien, Digitalfotos, iPad-Malerei, Polaroidbildern und 3-D-Fotografien hin und her und erschafft dabei Kunstwerke. Und auch bei meinem Offline-Experiment gelang es mir nicht etwa, von acht Uhr morgens bis acht Uhr abends aufmerksam „Krieg und Frieden“ durchzuackern, nur weil ich meinen Router abgeschaltet hatte. So einfach sind wir Menschen nicht gestrickt.

Ich glaube nicht daran, dass wir den Kontakt zur realen Welt verlieren und uns nicht mehr in ihr zurechtfinden, nur weil wir uns ab und zu digitaler Hilfsmittel bedienen, um uns das Leben zu erleichtern. Da überzeugt mich auch nicht das typische Argument der Analog-Befürworter, dass das Navi im Auto unsere Orientierung verkümmern lasse. Klar, die Zeitungsarchive sind voll spöttischer Geschichten über Autofahrer, die in aufgeweichten Feldwegen oder der komplett falschen Stadt gelandet sind. Ganz so, als hätte sich ohne Navi noch nie irgendjemand verfahren!

Es stimmt, auch wissenschaftliche Studien zeigen, dass die Verwendung von Google Maps unser Gehirn verändern und dazu führen könnte, dass wir es verlernen, Karten zu lesen. Na und? Landkarten und Stadtpläne sind keine heiligen Artefakte. „Viele Menschen konnten noch nie Karten lesen und interessieren sich für diesen Vorgang vielleicht auch gar nicht besonders“, fasst es die Autorin Kathrin Passig in ihrem Buch „Strom und Vorurteil“ sehr gut zusammen. „Und jetzt erlangen diese inkompetenten Geschöpfe ohne angemessene Mühen Zugang zu Möglichkeiten, für die Kartenkenner bisher hart arbeiten mussten. Wenn angesehene Spezialistenfähigkeiten zu billig erhältlichen Dienstleistungen herabsinken, erfreut das die Spezialisten nur selten.“

Christoph Koch

Der Journalist ist Autor des Buchs »Digitale Balance. Mit smarter Handynutzung leichter leben«. Es erscheint im März 2021.

Statt von bleischweren Autoatlanten lassen wir uns nun eben vom Smartphone ans Ziel führen – und in eine vielversprechende Zukunft. Denn nahezu alle fortschrittlichen Mobilitätsformen sind nur digital denkbar. Wer Autos, Fahrräder und Roller für kurze Strecken mieten will; wer komplexe ÖPNV-Verbindungen samt Ticket in Echtzeit braucht oder sich beim „Ridepooling“ mit Fahrgästen mit ähnlicher Fahrtrichtung ein Taxi teilen will: All diese Dinge sind erst durch das Smartphone realisierbar geworden. Vom autonomen Fahren gar nicht zu reden: Dieses erfordert zwar KI-Systeme und Unmengen an digitalen Daten, wird uns eines Tages aber Lebensqualität und viel frei nutzbare Zeit bringen, die wir derzeit noch damit verbringen, im (analogen) Stau zu stehen.

»Fortschrittliche **Mobilitätsangebote** sind nur digital denkbar«

Natürlich bringt die Digitalisierung jede Menge Schwierigkeiten mit sich, wie jede neue Technologie: schwindende Privatsphäre, Hate Speech, mächtige Monopole und Apps, die gezielt so entwickelt werden, dass sie ein möglichst hohes Suchtpotenzial entfalten sollen. Doch die Forderung, diese Probleme allein durch „Digital Detox“ in den Griff zu bekommen, greift zu kurz.

Für mich war der totale Ausstieg aus der digitalen Welt als Experiment interessant, doch als dauerhaftes Modell taugt er ungefähr so viel wie darauf zu beharren, jedes einzelne Lebensmittel, das man isst, wieder selbst anbauen, ernten oder schlachten zu wollen.

Sicher, wir können uns darüber beklagen, dass uns unser Smartphone ständig mit Benachrichtigungen anbimmelt. Und darüber, dass sich Online-Artikel vor blinkenden Werbebannern kaum lesen lassen.

Oder wir lernen, die Benachrichtigungen zu deaktivieren und die Artikel so zu speichern, dass wir sie bequem offline und ohne Werbebombardement lesen können.

Denn: Wenn wir all die kleinen und großen Computer, die uns umgeben, als lästige Fremdkörper betrachten, werden sie das auch bleiben. Je besser wir uns jedoch in der digitalen Sphäre auskennen, umso besser wird es uns gelingen, unser Leben gemeinsam mit ihnen so zu leben, wie wir es wollen.

Die digitalen Werkzeuge bestmöglich beherrschen, statt uns willenlos von ihnen beherrschen zu lassen – das muss unser Ziel sein.

Und dann spricht nichts dagegen, bei einem Waldspaziergang auch mal das Smartphone zu Hause zu lassen. Vorausgesetzt, wir finden auf analoge Weise den Weg zurück. ‹

# Ein kleiner Raum für die große Freiheit

Mit ihren beiden Kindern lebt Oona Böken in einem ehemaligen Jahrmarktswagen

**Verzicht oder Bereicherung?** Zwei Frauen und ein Mann zeigen, wie es sich auf begrenztem Platz leben lässt: in einem Jahrmarktswagen, einem Schäferkarren und einem mobilen Minihaus

Text: Andrea **Jeska** und Nele **Höfler**

Die Alkoven schaffen zusätzliche Fläche. Insgesamt müssen die drei in diesem Wagen mit 17 Quadratmetern auskommen

**Oona Böken kaufte 2012 einen ausrangierten Jahrmarktswagen. Ihre Ehe ging gerade zu Ende, und sie hatte wenig Geld**

Wer Oona Böken fragt, wie man zu einem Zuhause wie dem ihren kommt, dem sagt sie, sie habe schon immer etwas Nomadisches gehabt. Erzählt von ihren Eltern, Künstlern, die ihr zum 14. Geburtstag Ziegen schenkten, mit denen sie über Wiesen zog. Von ihrem Lieblingskinderbuch, „Mond, Mond, Mond", in dem es um zwei Mädchen geht, die mit ihren Familien in bunten Wagen umherzogen. „Und ich dachte, in so einem Wagen will ich auch mal wohnen."

17 Quadratmeter groß ist der Jahrmarktswagen, den sich Oona Böken 2012 in Leipzig kaufte – in einer Phase, in der ihre Ehe gerade zu Ende ging und ihr zwei Dinge klar wurden: Das Leben ist immer im Fluss, und eigentlich sollte sich diese Bewegung auch in der Wohnform spiegeln. Ihre finanziellen Möglichkeiten für sich und die Kinder reichten mal gerade für eine kleine Wohnung.

17 000 Euro hat Oona Böken, abgebrochenes Tierarztstudium, zwei Kinder, damals für den Schießbudenwagen aus DDR-Zeiten bezahlt. Sie stellte ihn auf eine Wiese im Rhein-Main-Gebiet, strich ihn blau an wie das Meer, ließ große weiße Fenster einsetzen. „Das ist mein größter Luxus", sagt sie, „den Himmel drinnen und draußen zu haben.

Oona Böken ist Harfenistin, sie schreibt ihre Stücke selbst, gibt Konzerte, hat zwei CDs auf eigene Kosten veröffentlicht. Talentiert, kreativ – und mit wenig Verdienst. „Mein Kopf sagte damals: Mit zwei Kindern in einem Schaustellerwagen mitten auf der Wiese zu leben, das ist Wahnsinn. Mein Bauch sagte: Mach es." 2013 zog sie ein.

Vier Stufen führen zur erhöhten Tür, gleich dahinter liegt Paula, Bökens Altdeutscher Schäferhund, und erduldet stoisch, dass man über ihn hinwegsteigt. Schon steht man in der Küche, geht vier Schritte, steht im Wohnbereich. Die Möblierung: drei Küchenschänke, Waschbecken, ein bunt gestrichener alter Geschirrschrank, ein Tisch, zwei Stühle, der Ofen, ein paar Regale, Haken für alles, was nicht verstaut werden kann. Jacken, Spülbürste, Becher, Gewürze, Holzscheite. Und die Harfe, frei stehend, raumnehmend.

Dann noch mal vier Schritte, und man könnte hineinfallen in die drei Alkoven, in denen Böken und ihre Kinder Janosch und Aluna nicht nur schlafen, sondern die auch ihr Rückzugsort sind; die rot-weiß karierten Gardinen zugezogen – so schaffen sie sich Privatsphäre. „Wenn man sich mal nicht mehr sehen kann, dann muss man bei uns ins Bett gehen." Alunas Alkoven ist mit Kuckucksuhr an der Wand und Lebkuchenherz dekoriert, Janosch hat seine Legos auf Regalen stehen. Darüber der Schlafboden ihrer Mutter, ein rundes Fenster am Kopfende. „Für die Sterne", sagt Oona Böken.

Tiny Houses, winzige Häuser, unter diesen Oberbegriff fällt seit einigen Jahren alles, was sich auf Fahrgestelle bauen oder auf Trailer laden und versetzen lässt. Bauwagen, Zirkuswagen, Minihäuser. Sind sie fest mit dem Trailer verbunden, bekommen sie vom TÜV eine Wohnwagenzulassung und dürfen bewegt werden, sofern sie bestimmte Maße einhalten und weniger als 3500 Kilogramm wiegen. Aufstellen darf man die Tinys nur auf eigenem oder gepachtetem Land sowie auf manchen Camping- und alternativen Stellplätzen für Tiny-House-Projekte.

Oona Bökens Wohnen ist nicht illegal, aber auch nicht wirklich legal. Die Schäferei, auf deren Land ihr Wagen-Häuschen steht, gehört ihrem Ex-Ehemann. Ein riesiges Stück Land, begrenzt nur von einigen Hügeln in der Ferne, Heimat auch für 500 Schafe, 27 Ziegen und einige Schäfer, die in Bauwagen wohnen, wenn sie nicht unterwegs sind. Die Schäferei und auch Bökens Haus haben keine Adresse, kein fließendes Wasser, kein Abwasser. Wasser holt sie aus dem Brunnen, und neben dem Schaustellerwagen gibt es noch einen winzigen Toilettenwagen mit einer Komposttoilette.

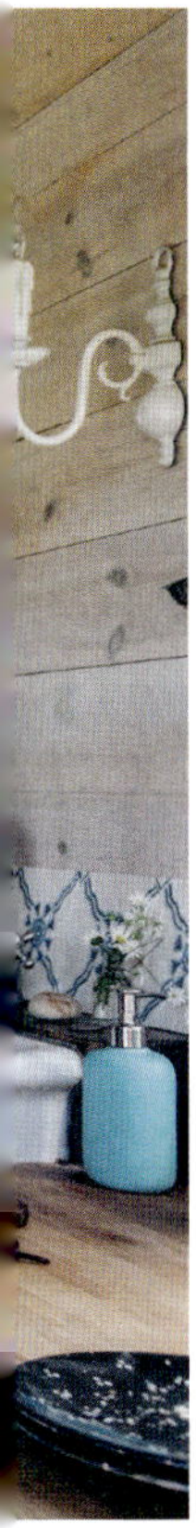

Oona Böken ist Harfenistin – und natürlich findet sich auch für ihr Instrument ein Platz

Beide Kinder können sich kaum vorstellen, in einer Stadtwohnung zu leben

Janosch langweilt sich manchmal, aber Mitschüler besuchen ihn gern in seinem ungewöhnlichen Heim

Um ein wenig mehr Platz zu haben, hat Böken einen zweiten Wagen hinzugekauft

Wer sie besuchen möchte und noch nie dort war, den holt sie vom nächsten Bahnhof ab. Kein Navi der Welt, sagt sie, würde sie finden. Auch kein Schulbus. Jeden Morgen fährt sie die Kinder in die Waldorfschule der nächstgrößeren Stadt, holt sie nachmittags wieder ab; täglich zwei Stunden Fahrtzeit.

Die Post wird an die Adresse ihres ehemaligen Mannes geliefert, im Keller von dessen Praxis duschen Oona Böken und die Kinder, waschen ihre Wäsche. In dieser „Basisstation" ist auch gelagert, was nicht in den Wagen passt, aber auch nicht entbehrlich ist: Bücher, Fotos. „Man muss schon auf vieles verzichten", sagt Oona Böken. Denn bereits mit der Bewegungsfreiheit ist es nicht immer weit her.

Will man etwas aus Schränken, Kisten, Körben oder Ecken holen, muss man erst anderes wegräumen. Es erfordert Disziplin, auch beim Konsum. Oona Böken musste das lernen. „Ich liebe schöne Sachen, und oft möchte ich etwas kaufen, aber dann überlege ich, wo ich das hintue, und stelle fest, ich habe keinen Platz dafür."

Als einmal die Kälte nicht enden wollte, als sich die drei Bewohner in der Enge auf die Nerven gingen, als das Wasser im Brunnen fror und sich die Freunde, die im Sommer gern auf der Wiese vor dem Haus sitzen, rar machten, da hat Oona Böken des Öfteren gedacht: Vielleicht doch in eine Wohnung? Und: Darf ich das den Kindern zumuten? Ihnen meine Lebensform aufdrängen? Schwierige Fragen für eine Frau, die auch sagt: „Ich, mein Leben, meine Kinder, meine Musik, das ist ein Gesamtkunstwerk."

„Ich finde unser Zuhause cool", sagt Aluna. „Ich mag es, dass wir hier immer so zusammengekuschelt sind." – „Ich langweile mich manchmal. Aber wenn andere aus meiner Klasse zu Besuch kommen, dann sagen die immer, wie toll das bei uns ist, und dann finde ich das auch wieder", sagt Janosch. Und wenn sie einander zu sehr auf die Nerven gehen, nehmen sie eben ihr Fahrrad und fahren zu Freunden ins nächste Dorf. In eine Wohnung in der Stadt ziehen? Die beiden schütteln den Kopf. Vielleicht später, wenn sie älter sind.

Um den Kindern ein wenig mehr Raum zu schaffen, hat Oona Böken vor einiger Zeit einen zweiten Wagen dazu gekauft, auch ein Schaustellerwagen. Ein Rückzugsort, der von den Kindern jedoch nur zeitweise angenommen wird. „Ich schlafe lieber bei Mama", sagt Aluna. „In unserem gemeinsamen Wagen ist es gemütlicher", sagt Janosch.

*Hans Anthon Wagner* **lebt in einem Schäferkarren am Rande des Naturparks Schönbuch nahe Tübingen: ohne Strom und Telefon, ohne Internet und fließend Wasser**

Das Metall erwärmt sich und beginnt leise zu knacken, wenn am Morgen erste Sonnenstrahlen auf das Blechdach des alten Schäferkarrens scheinen. Dieses Geräusch weckt Hans Anthon Wagner. Er nennt es seinen „Wecker mit eingebautem Wetterbericht“. Eine laute Uhr empfindet er dagegen als Bevormundung: Verschläft er, habe er den Schlaf ja ganz offenbar gebraucht.

Wagners Karren steht auf seinem Grundstück am Rande des schwäbischen Naturparks Schönbuch. Nur zu Fuß und querfeldein kann man sein Zuhause nahe am Waldsaum erreichen, kein Weg führt dorthin. Hinter einem Pflaumenbaum geht es links, dann rechts an einem Walnussbaum vorbei bis zu einer versteckten Lichtung zwischen Obstbäumen, die Wagner „mein Wohnzimmer“ nennt.

Den genauen Standort will er nicht verraten: Je weniger Menschen den kennen würden, desto besser. Schwer ist der alte Karren zwischen den Bäumen auszumachen: Er ist nur zwei Meter lang und 1,80 Meter breit. Das Leben in dem Mini-Zuhause bedarf guter Organisation. Ein schmales Bett, ein Tisch, ein hüfthoher Ofen mit Kochstelle, einige Bücher, ein paar Stifte, Pinsel und Skizzenblocks – für mehr ist nicht Platz.

Ein Plumpsklo ist im Gebüsch versteckt. In Eimern sammelt Wagner Regenwasser: Er trinkt es oder wäscht sich damit, verwendet es zum Kochen, spült dann darin das Geschirr und gießt schließlich seine Pflanzen.

Weil er keinen Kühlschrank besitzt, muss er auf manche Lebensmittel wie etwa Butter verzichten. Dafür gibt es bei ihm am Morgen selbst gemachte Marmelade aus eigenen Früchten und frische Eier von seinen zwei Hühnern.

Was manchem wie ein karges, entbehrungsreiches Leben erscheinen mag, ist für Wagner pures Glück. Und obwohl er ein einfaches Dasein ohne Strom, fließendes Wasser, Telefon, Radio, Internet oder TV-Gerät führt, beneiden ihn offenbar nicht wenige: Die Außenwände seines Karrens sind voller Botschaften von Wanderern, die an seinem Zuhause vorbeikamen, ihn aber nicht antrafen. „Darf ich hier einziehen?“, steht dort etwa. „Leider schon besetzt“, hat Wagner darunter gesetzt.

1973 entdeckte der 28-Jährige den fast 200 Jahre alten Karren auf dem Hof eines alten Schäfers. Der Wagen war gebaut worden, damit Schäfer auch bei der Herde ein Heim haben und es verlagern können, wenn die Tiere den Weidegrund wechseln.

Damals besaß der Grafiker eine kleine Werbeagentur. Die Firma lief gut, brachte aber eine Menge Arbeit mit sich. Der Karren eröffnete ihm eine Möglichkeit zur Erholung: Hier konnte er inmitten der Natur leben, ein Siedler im Grünen werden. „Du kannst den Karren haben, wenn du ihn in Ehren hältst und einen guten Platz findest“, sagte der alte Schäfer zu ihm.

Wagner grübelte nicht lange, gab die Wohnung auf, verkaufte sein Auto, verschenkte seine Firma an die Mitarbeiter. Er restaurierte den Karren, erwarb ein Grundstück – und begann ein neues Leben.

Seit seinem Umzug ins Grüne ist er Berufspendler. Während der Woche

Vor seinem Schäferkarren sitzt Hans Anthon Wagner häufig, liest, schreibt Gedichte oder genießt die Natur

Das spartanische »Badezimmer«; ein Plumpsklo befindet sich in der Nähe im Gebüsch

Den genauen Standort des Karrens verrät Wagner nicht, er will seine Ruhe haben

Ein schmales Bett, ein Regal, für viel mehr ist auf 3,6 Quadratmetern kein Platz

spaziert der Künstler täglich zwei Kilometer ins Dorf Breitenholz. Dort hat er eine Galerie und ein Atelier. Dort zeichnet, druckt und verkauft er Bilder. Auch sein Buch „Schäferkarren-Philosophie“ kann man hier erwerben.

Am Abend schultert Wagner seinen Rucksack und wandert zurück zu seinem „kleinen Stückchen Freiheit“ im Grünen. Dort angekommen, setzt er sich auf ein Holzbänkchen und blickt hinab ins Tal. Passanten denken dann oft, er meditiere. Dabei tut er gar nichts, er schaut nur in die Landschaft.

Manchmal liest er, schreibt ein Gedicht oder trinkt selbst gemachte „Dichterminze“: einen frischen Minztee mit einem Schuss Obstbrand.

Ist es Zeit, ins Bett zu gehen, streift er seine Schuhe vor dem Karren auf der ehemals rotgelben Flechtmatte ab, die über die Jahre eine erdige Tarnfarbe angenommen hat und zu einem Unterschlupf für Kleintiere geworden ist.

Drinnen zündet er eine Kerze an und entfacht im Ofen ein Feuer. Nach kurzer Zeit breiten sich wohlige Wärme und der würzige Geruch nach Holzfeuer in dem kleinen Raum aus. Sorgfältig hängt er seine Kleidung auf und schlüpft ins schmale Bett.

Eine Weile lauscht er dann den Stimmen der Natur: dem Prasseln von Regentropfen, dem Gesang der Vögel, dem Zirpen der Grillen, manchmal auch dem Grunzen von Wildschweinen.

Seit mehr als 40 Jahren nun schon lebt Hans Anthon Wagner in diesem Rhythmus, er pendelt zwischen Dorf und Karren, zwischen Atelier und Obstwiese. Häufig fragen ihn Menschen, ob er denn nicht einsam sei. Nein, sagt er dann. Denn schließlich habe er immer Gesellschaft: seine Hühner, stromernde Katzen, Fuchs und Dachs. Zuweilen auch vorbeikommende Wanderer.

Und letzten Winter haben viele Dutzend Marienkäfer die kalten Monate bei ihm verbracht, geschützt in einem alten Leinensack, der draußen neben der Tür hing.

Als die Strahlen der Sonne wieder wärmer wurden, krochen sie hervor – und schwirrten ins Grüne. Hinaus in Wagners Welt.

Die Pastorin Ulrike Schaich möchte ihr Tiny House langfristig zu ihrem ständigen Domizil machen

*Ulrike Schaich* **sieht in ihrem mobilen Haus die Wohnform der Zukunft. Manchmal fährt sie damit herum – wer mag, darf auch mal Probe wohnen**

Wenn Ulrike Schaich in ihrem Häuschen sitzt und aus dem Fenster schaut, stehen manchmal wildfremde Leute davor und starren hinein. Ganz so, als handle es sich um eine öffentliche Attraktion, deren Besichtigung jedermann jederzeit erlaubt ist. Manchmal findet sie das ein wenig lästig. Manchmal aber geht sie vor die Tür, um Auskunft zu erteilen über dieses winzige Haus auf vier Rädern, das wie eine Requisite aus einem Film über fahrende Leute aussieht.

Sie macht es aus einer Art gesellschaftspolitischer Überzeugung. Weil sie im Wohnen auf kleinem Raum die Wohnform der Zukunft sieht. Weil Verzicht und Beschränkung ihr ein moralisches Anliegen sind. Aus einem Verantwortungsgefühl für den Planeten, die künftigen Generationen, die gesamte Schöpfung. „Ich wünsche mir, dass in ein paar Jahren zur Infrastruktur jeder Stadt, die etwas auf sich hält, ein Tiny-House-Dorf gehört, so wie ein Schwimmbad, eine Stadtbücherei oder ein Campingplatz. Ich wünsche mir das, weil wir uns endlich alle Gedanken machen sollten: Wie wollen wir essen, uns kleiden und wohnen?"

Ulrike Schaich ist Pastorin und lebt eigentlich mit Mann und Sohn im Bahnhof von Reutlingen-Ohmenhausen. Sie und ihr Mann haben den Bahnhof 1989 gekauft und sechs Jahre lang eigenhändig umgebaut und renoviert. In schweren Zeiten, denn bevor ihr Sohn zur Welt kam, hatte sie zwei Töchter geboren, die aufgrund einer Krankheit beide nur sieben Monate lebten. Ein Schicksal, das Spuren hinterließ. Ulrike Schaich mag Stille. Und Rückzug. „Früher hatten die Leute eine Klause. Ich habe mein Tiny House. Es ist meine Geborgenheit."

Dass sie es nur in Teilzeit bewohnt und es direkt neben dem Bahnhofshaus steht, erspart ihr die Grauzonen-Probleme anderer Tiny-Bewohner. Strom kommt aus dem Haupthaus, für Wasser gibt es einen Tank, außerdem zwei Propangasflaschen zum Kochen.

Ulrike Schaich ist fest entschlossen, ihr Häuschen langfristig zu ihrem ständigen Domizil zu machen, und sie ist eine unermüdliche Pionierin dieses Wohnmodells: eins Lebens in engen Maßen bei gleichzeitiger maximaler Mobilität. Ihr zwölf Quadratmeter großes Haus, das auf einem Fahrgestell steht, hängt sie immer mal wieder an die Anhängerkupplung ihres Autos und nimmt es zu den Vorträgen mit, die sie vor Menschen hält, die wissen wollen,

Ein bewegtes Haus: An ein Auto angekuppelt, lässt es sich problemlos durch die Gegend ziehen

Schaich besitzt auch einige Lamas; sie kennt die Tierart gut aus einer Zeit, die sie in Bolivien verbracht hat

Über gerade einmal zwölf Quadratmeter verfügt das Tiny House, aber es gibt sogar ein Bad, eine Toilette und eine Miniküche. Ein Tischler hat es für 35 000 Euro angefertigt, viele der Details hat Ulrike Schaich mit geplant

wie man anders, bescheidener, nachhaltiger lebt und wohnt. „Mehr als ein PS-starkes Auto braucht es nicht, um ein Tiny durch die Gegend zu ziehen. Das rüttelt und schüttelt dann, aber es hält." Wer sich über die Vorträge hinaus für das Haus interessiert, den lässt Ulrike Schaich auch mal Probe wohnen.

Die Pastorin besitzt ihr Minihaus seit August 2016. Sie ließ es bei einem Tischler anfertigen, für 35 000 Euro. Jedes Detail plante sie selbst mit: die Länge des Fahrgestells, auf dem das Haus steht, die Außenverschalung, die Nachhaltigkeit. Sie wollte rote Fenster zum Kippen, das Dach nicht in Linie zum Wohnraum, sondern so, dass die Giebel zu den Seiten zeigen. Sie wollte einen Vorbau und einen doppelten Schlafboden, einen für sich, einen für ihren Sohn. Sie wollte abbaubare Dämmung, Lärchenholz als Verschalung.

Mit Bad und Toilette ist Ulrike Schaichs Häuschen deutlich alltagsbequemer als manch andere Tiny Houses. Doch auch sie musste lernen, Überflüssiges draußen zu lassen. Viel mehr als Tisch und Stühle, Miniküche, Ofen, Sofa, ein paar Regale an der Wand passen nicht hinein. „Ich hätte gern mehr Bücher um mich herum", sagt sie. Doch der Verzicht ist ihr auch eine Tugend. Nicht zu viel Raum einnehmen in einer Welt, die schon jetzt nicht genug Raum für alle hat. Auf Aufklebern am Fenster steht, was die Pastorin für wichtiger hält: Verheißung, Gerechtigkeit, Geborgenheit, Freude, Vertrauen. Und: Heimat.

Dass man sich in der Gemeinde schnell an den Zweitwohnsitz der Pastorin gewöhnte, mag daran gelegen haben, dass Ulrike Schaich ohnehin ein ungewöhnlicher Mensch ist, fern des Pastorinnenklischees. Sie trägt gern Lederhosen, so wie Cowboys sie tragen, dazu ein kariertes Hemd und einen Schlapphut, und sie besitzt fünf Lamas, die auf einer Wiese mitten im Ort stehen, gleich um die Ecke des Schaich'schen Grundstücks. Die Liebe zu diesen Tieren entstand, als Ulrike Schaich als Kind einmal Verwandte in Bolivien besuchte, die Lamas züchteten.

Die Lamas, das Minihaus, die Stille, der Rückzug. Bei Ulrike Schaich fügt sich das zu jener Persönlichkeit, die viele der Minihaus-Bewohner kennzeichnen. Sie sind unkonventionell. Sie haben Utopien.

„Wir müssen endlich anders denken", sagt Ulrike Schaich. „Kleiner in den Dimensionen, aber dafür größer in den Freiheiten." ‹

Unsere Autorin zog von 200 Quadratmetern Altbau um in ein 38-Quadratmeter-Apartment. Mitgenommen hat sie nur Dinge, die ihr wirklich wichtig waren – von allem anderen hat sie sich getrennt

# Mach dein Leben leichter!

Zu viel Platz, zu viel Ballast, zu viel Vergangenheit. Irgendwann ist der **Bestsellerautorin Meike Winnemuth** alles zu viel geworden – und sie fing an, mit weniger zu leben

**Illustrationen:** Katharina **Gschwendtner**

---

**An einem Donnerstagmorgen** begann ich meinen Umzug, am Sonntagabend war ich fertig. So lang, so schweißtreibend? Nein, so gemütlich und so nebenbei. Ich packte, was ich brauchte, in eine blaue Ikea-Tüte – einen großen Topf und einen kleinen, eine Pfanne, vier Teller, vier Gläser, Besteck –, leinte meinen Hund an und spazierte mit ihm und der Tasche in meine neue Wohnung, 300 Meter von der alten entfernt.

Nächster Gassigang am Nachmittag: ein paar Jeans, Pullis und T-Shirts, Lieblingsklamotten. Am Morgen danach: Lieblingsbücher, es waren nicht viele, und eine Stehlampe. Zwei Jungs schleppten mir ein Sofa rüber, einen Tisch und zwei Stühle hatte ich günstig online ersteigert, als Bett genügte zunächst eine Matratze. Der letzte Weg: das Hundekörbchen unterm Arm, ein paar Flaschen Rotwein in Geschirrtüchern verpackt, ein Korkenzieher. Das war's. Ich war eingezogen.

Oder besser: Ich war ausgezogen. Schuld war ein Beziehungsdrama: Irgendwas war kaputtgegangen zwischen mir und meinem alten Leben. Es war mir zu viel geworden. Zu viel Zeug, zu viel Ballast, zu viel Vergangenheit – und eindeutig zu viel Platz. Von 200 Quadratmetern zog ich auf 38, von sechs Zimmern Stuckgewitter in ein nüchternes Ein-Zimmer-Apartment. Das wirst du nicht lange aushalten, unkten meine Freunde, das ist mal wieder eine deiner Schnapsideen. Was soll das überhaupt?

Das wusste ich selbst nicht so genau. Ich war gerade von einer Reise zurückgekehrt, ein Jahr lang hatte ich aus dem Koffer gelebt und dabei nicht das Geringste vermisst. Daheim hingegen war mir alles fremd. Ich wanderte ratlos durch meine absurd große Wohnung, die mir doch mal so wichtig gewesen war und für die ich mich lange so krumm gemacht hatte, starrte die deckenhohen Regale mit Büchern an, die ich garantiert kein zweites Mal lesen würde, zog Schubladen auf, an deren Inhalte ich nur vage Erinnerungen hatte, und fragte mich:

Wer ist die Frau, die sich diesen goldenen Käfig geschweißt hat, warum hat sie all den Krempel angehäuft, was will sie damit? Ich fand keine Antworten. Nur die eine: Ich will hier raus. Ich mag die Unbeschwertheit des Lebens mit leichtem Gepäck nicht mehr missen. Ich will einen Reset. Reinen Tisch machen, zurück auf Los.

Mit dem Bedürfnis bin ich nicht allein, im Gegenteil. Die Sehnsucht nach Einfachheit und Erleichterung treibt derzeit viele um, das Gefühl, dass es so nicht weitergehen kann, dass man sich endlich wieder Luft verschaffen muss. Und Klarheit. Und Kontrolle.

Der Zeitgeist kennt derzeit nur eine Vorsilbe: ent-. Entrümpeln, entschleunigen, entgiften, entschlacken, entspannen. Entzug von der Immer-mehr-Droge, an deren Nadel wir so lange und so freudlos gehangen haben. Denn das große Glücksversprechen des Immer-Mehr verwandelt sich irgendwann in einen ebenso großen Kater, wenn man nämlich feststellt, dass auch das 50. Paar Schuhe keine Erlösung bringt und man selbst im fettesten SUV nur im gleichen Stau steht wie alle anderen. Es weint sich schöner auf dem Rücksitz eines Rolls-Royce, wie es immer so schön heißt? Vielleicht. Aber wäre Lachen nicht viel schöner?

*»Warum* **schuften** *für eine* **riesige Wohnung***, die man* **nie sieht***?«*

Das Immer-Mehr zieht zudem eine Spirale an Folgekosten nach sich: Schicke Klamotten müssen in die Reinigung, ein großes Auto schluckt mehr Sprit und höhere Versicherungsprämien – und nicht nur die Ausgaben wachsen, sondern auch die Ängste vor Verlust und Abstieg. Wer bin ich, wenn ich all das nicht mehr habe? Möglicherweise ein freierer Mensch.

„Irgendwann habe ich nicht mehr eingesehen", sagt eine Münchner Freundin, „dass ich für eine Wohnung schufte, die ich nie sehe, weil ich ihretwegen ja so viel arbeiten muss, und für eine Putzfrau, die diese Wohnung sauber macht, weil ich ja keine Zeit dafür habe." Jetzt wohnt sie ebenfalls in einer Einzimmerwohnung, arbeitet deutlich weniger und geht deutlich öfter am helllichten Tag spazieren. Andere Freunde krempeln ihr Leben in Umbruchsituationen um: Die Kinder sind aus dem Haus, eine Trennung steht an – Gelegenheiten, alles auf den Prüfstand zu stellen. Und zu dem Schluss zu kommen: geht auch einfacher.

Dabei muss ein Runterschalten nicht in Askese ausarten, wie ich festgestellt habe. So klein meine neue Wohnung ist, so fein ist mein Leben darin. Ich besitze nur noch zwei Handtücher, aber die sind von der plüschigsten Luxushotelqualität, die man kriegen kann. Ich koche nur noch auf zwei Platten, dafür auf Induktion. Das Motto ist ganz simpel: weniger, aber besser.

Und besser ist das Leben eindeutig geworden. Denn was ich an Geld spare, fließt in jenes Gut, das in den vergangenen Jahren die gigantischste Wertsteigerung erfahren hat – Zeit. Meine Lebenshaltungskosten sind gesunken, also kann ich mir leisten, weniger zu arbeiten. Ich nehme nur noch Aufträge an, die wirklich Spaß machen.

Trotz oder wegen gesunkener Einnahmen – wohlhabender als derzeit habe ich mich nie gefühlt, getreu dem Zitat von Nassim Taleb: „Man ist nur dann reich, wenn das Geld, das man ablehnt, besser schmeckt als das Geld, das man annimmt." Seit drei Jahren habe ich keinen Urlaub mehr gemacht, denn: Urlaub wovon? Ich muss mich von nichts erholen.

Eine fest angestellte Freundin, die zurzeit ein geplantes Sabbatical durch Lohnverzicht zusammenspart, stellt verblüfft fest, dass sie mit 80 Prozent ihres Gehalts genauso gut klarkommt. „Okay, ich gehe weniger essen und war ewig nicht shoppen. Aber ich weiß ja, wofür." Für sie ist jetzt schon klar, dass sie nach dem Sabbatical nur noch vier Tage die Woche arbeiten will. Und dann spricht sie den weisen Satz: „Von innen sieht ein Hamsterrad aus wie eine Karriereleiter."

Von innen – genau das ist das Problem. Wenn man drinsteckt, hat man selten den Überblick. Auch ich brauchte ja ein Jahr Abstand zu meinem Leben, um das Hamsterrad als solches zu erkennen, die Lächerlichkeit des Immer-Mehr: ein neues Handy, wenn man noch nicht mal alle Funktionen des alten kapiert hat? Ein Fernseher mit Ultra HD Blu-ray, das den „Tatort" aber irgendwie auch nicht brillanter macht?

So. Spätestens an dieser Stelle ist Protest fällig. Zu viel Zeug als Last zu empfinden – ein First-World-Problem, oder? Geht es uns einfach zu gut? Ist es in dieser Zeit nicht geradezu obszön, das Zuviel zum Leid-Motiv zu erklären, derweil Milliarden nichts lieber hätten als genau dieses Problem? Absolut.

Was an der Unzufriedenheit derjenigen, die an der Spitze der Bedürfnispyramide angekommen sind, allerdings nichts ändert. So richtig doll scheint es den Wohlstandsgeplagten der westlichen Überflussgesellschaft nicht zu gehen, sonst würden nicht so viele klagen über die Überforderung, die Übersättigung und die seltsame Lebensmüdigkeit, die sich daraus ergibt, sonst gäbe es nicht

Es kann enorm entlasten, sich
nicht mehr um all die Besitztümer
kümmern zu müssen, die
man irgendwann einmal gekauft hat

Wenn man nicht einmal weiß, was man hat, warum sollte man es dann überhaupt haben wollen? Also weg damit!

so viele Fluchtfantasien, sonst hätten zum Beispiel Landlust-Magazine nicht diesen verrückten Erfolg, sonst würden die Leute nicht plötzlich auf Barfußschuhe schwören oder auf Steinzeitdiäten.

Wie auch immer: Im heiß gelaufenen Getriebe des Turbokapitalismus knirschen die ersten Sandkörnchen, im Überfluss des Warenangebots (ich habe heute die Marmeladensorten in meinem Supermarkt gezählt; bei 150 habe ich aufgehört und war noch längst nicht durch) sind die ersten leisen Stimmen mit einem lange undenkbaren Satz zu hören: Darf's ein bisschen weniger sein?

Denn das hysterische Tempo, mit dem einem jahrzehntelang immer neue Must-haves um die Ohren gehauen, immer neue Bedürfnisse geweckt wurden für Zeug, das kein Mensch braucht, sorgt dafür, dass das Pendel derzeit in die andere Richtung ausschlägt. In allen Lebensbereichen herrscht eine geradezu nostalgische Sehnsucht nach dem Simplen.

Retropie statt Utopie: Omas handaufgegossener Filterkaffee statt 24 Geschmacksrichtungen Kapsel-Espresso, Seilspringen und Liegestütze im Park statt Powerplate-Training im Fitness-Studio, Armbanduhren mit Handaufzug statt Atomzeitwecker mit drei Zeitzonen. Sogar die gute alte Stulle wird jetzt in Berliner Butterbrotläden zum Erweckungserlebnis deklariert, ebenso wie der gute alte Eintopf zuvor.

Richtig lustig wird es, wenn sogar ein Discounter wie Aldi sein traditionell überschaubares Angebot zum minimalistischen Lifestyle hochjazzen will. In einem Werbespot mit dem Slogan „Einfach ist mehr" hüpften vor einiger Zeit Zweijährige durch Pfützen, dazu deklamiert eine Kinderstimme: „Wählt doch einfach das Richtige. Und befreit euch vom Rest." Das hätte der Dalai Lama nicht schöner sagen können.

Daneben gibt es zahlreiche Anstiftungen zum Befreiungsschlag in den Kategorien Lebenssinn, Ausmisten und Gelassenheit, diverse Selbstversuchsprotokolle über Enthaltsamkeitsaktionen (ein Jahr nichts Neues kaufen, ein Jahr ohne Internet leben) und mittelfingerlastige Ich-mach-nicht-mehr-mit-Titel wie „Einen Scheiß muss ich" und „Am Arsch vorbei geht auch ein Weg".

Die Entrümpelungsbibel „Magic Cleaning" der Japanerin Marie Kondo stand mehr als hundert Wochen auf der Bestsellerliste, nachdem die Aufräumpäpstin zuvor schon den halben Erdball konvertiert hat. Das „Time Magazine" kürte 2015 Kondo neben Angela Merkel und Kim Jong-un zu einer der 100 einflussreichsten Personen der Welt für ihre Lehre von der Leere. Oder vielmehr: vom bewussten Haben. Für sie geht es nicht darum, was man entsorgt, sondern was man behält. Nämlich nur das, was für tokimeku sorgt: für schlichte Freude. Man solle alles, aber auch wirklich alles aus den Schränken räumen und aus den Regalen, dann jedes einzelne Ding in die Hand nehmen und sich fragen: Macht mich das froh? Und zwar hier und jetzt, nicht früher oder irgendwann. Falls nicht: weg damit.

**»*Das* eiserne *Gesetz: Für jedes* neue Ding *muss ein* altes verschwinden«**

Für die meisten beginnt der Schock schon beim Öffnen der Schranktüren. Schnell, ohne nachzugucken: Schreiben Sie einfach mal haarklein auf, was sich gerade in Ihrem Kleiderschrank befindet, von oben links nach unten rechts bitte. Und jetzt machen Sie das Ding auf, und erbleichen Sie. Und dann bitte dasselbe Spiel mit den Schubladen im Wohnzimmer. Schon klar, oder? Wenn man nicht mal weiß, was man hat – warum sollte man es dann überhaupt haben wollen?

Doch wie schwer es ist, die Dinge loszulassen, davon können Aufräum-Coaches ein Lied singen. Man trennt sich nämlich nicht von Sachen, sondern von Selbstbildern, Sehnsüchten und wärmenden Illusionen. Eines Tages passe ich wieder in Größe 38/fange ich wieder mit dem Tennisspielen an/lese ich all die ausgerissenen Zeitungsartikel/könnte ich diesen Karton mal brauchen. Dieser magische Tag lässt zwar schon seit Jahrzehnten auf sich warten, aber – irgendwann, bestimmt.

Das Aufheben dient als emotionaler Schutzschild gegen die Unwägbarkeiten des Lebens. Man weiß ja nie, und weil man nicht weiß, will man gerüstet sein. Also vermüllt man lustig vor sich hin, im Zweifel eine Etage drunter oder drüber: In Kellern und Speichern stapeln sich Altlasten in Kisten und Säcken, Inhalt meist unbekannt, die bei einem Umzug in der Regel ungeöffnet in den nächsten Keller gewuchtet werden. Dort vermehren sie sich auf mys-teriöse Weise. Man kennt das Phänomen von wilden Mülldeponien: Gerümpel zieht immer nur mehr Gerümpel an.

Gegen dieses zähe Festhalten setzen die neuen Entrümpler Heils- und Glücksversprechen, die nahtlos an religiöse Traditionen anknüpfen. Lebensveränderung! Seligkeit! Endlich Stille im Kopf! Entsagung und freiwillige Armut waren schon immer der Weg ins Himmelreich oder wenigstens zu irdischem Glück, ob bei den Benediktinern oder buddhistischen Mönchen. Die spartanische Härte gegen sich selbst galt und gilt als Zeichen moralischer Überlegenheit.

Kein Zufall, dass viele moderne Entsagungsmoden wie die Aktion „Sieben Wochen ohne" in der Fastenzeit zwischen Aschermittwoch und Ostern und auch das „Simplify your life"-Imperium des Theologen Werner Tiki Küstenmacher christliche Wurzeln haben.

Doch erst in den vergangenen Jahrzehnten hat die Bewegung der „Voluntary Simplicity", der freiwilligen Einfachheit, so richtig Fahrt aufgenommen: Denn jetzt rettet man nicht nur das eigene Seelenheil, sondern die Erde gleich mit, diesen angenehmen kleinen Planeten, auf dem wir durchs Universum reiten und den wir trotzdem seit vielen Jahrzehnten in immer rasenderem Tempo ruinieren. Unter diesen Umständen ist Downshifting längst kein Privatvergnügen mehr, es ist eine Vernunftentscheidung: weniger Konsum, weniger Müll, weniger Energieverschwendung, weniger Abgase, weniger Fleisch, weniger Fernreisen, weniger galoppierender Wahnsinn.

Bei vielen ist diese Einsicht bereits angekommen, besonders bei Jüngeren. Die Generation der nach 1980 geborenen Millennials ist mit der Idee groß geworden, dass man Dinge nicht besitzen muss, um sie zu benutzen. Carsharing, Bikesharing, Airbnb, Streamingdienste für Musik und Filme verändern gerade ganz grundsätzlich die Bedeutung von Eigentum. Besitz als Statussymbol und Identitätsstifter hat zunehmend ausgedient. Warum sollte man ein Auto kaufen, das im Schnitt 23 Stunden am Tag geparkt herumsteht, wenn man – zumindest in den Städten – jederzeit Zugriff auf eines haben kann? Wer braucht noch Platz für Regale, wenn Bücher, CDs, DVDs in der digitalen Wolke wohnen?

Wer nicht viel Platz hat, merkt, dass schon dieser Umstand enorm helfen kann beim bewussten Konsumieren. Seit ich in meiner Einzimmerwohnung lebe, komme ich gar nicht mehr in die Versuchung, mir im Supermarkt den Einkaufswagen vollzuladen – ich kann das Zeug nirgends lagern. Ergo: Nichts vergammelt, es gibt kaum Schwund. Ich kaufe immer noch Bücher, aber jetzt habe ich halt nur fünf Regale à 78 Zentimeter; wenn die voll sind, muss was raus, verschenkt, verkauft oder getauscht werden.

Überhaupt lautet das eiserne Gesetz für Anschaffungen aller Art: Für jedes neue Ding muss ein altes weg, keine Diskussionen. Mein Wasser kommt aus dem Hahn, nicht aus den Vogesen, und nie zuvor habe ich so schnell so viele hilfreiche Nachbarn mit Bohrhammer oder Elf-Bar-Fahrradstandpumpe kennengelernt (ich kann im Gegenzug einen Eiskübel bieten, jeder hat halt seine eigene Definition von Basics).

Eine der wichtigsten Veränderungen aber betrifft meinen Kleiderschrank. Dort hängen ausschließlich blaue Klamotten, alles passt zueinander – ebenfalls eine Folge meiner Weltreise, bei der ich nur blaue Sachen im Koffer hatte, und das Ergebnis eines kleinen Selbstversuchs aus dem Jahr 2010. Damals hatte ich gelesen, dass man nur zehn Prozent seines Kleiderschrankinhalts tatsächlich regelmäßig trägt, der Rest hängt nur zur Dekoration herum. Also beschloss ich, ein Jahr lang jeden Tag das gleiche blaue Kleid zu tragen, das Projekt „Das kleine Blaue" war geboren. Was als Spiel begann, als spaßige kleine Mutprobe, wurde zu einem ungemein erkenntnisreichen Jahr. Das Aha-Erlebnis: Es funktioniert, und die meisten haben es nicht mal gemerkt.

Meine Blau-Meise hat nicht mit Sparsamkeit zu tun, und wenn, dann mit einer besonderen Art der Knauserigkeit: Ich muss keinen Gedanken verschwenden an die Frage, was ich anziehe. Es wird schon was Blaues sein, Details entscheidet das Wetter. Ein Thema weniger in meinem Leben, eine Entscheidung, die viele weitere Entscheidungen überflüssig macht.

*»Das Leben ist* **zu kurz** *für* **Twitter** *und Instagram – ebenso* **fürs Bügeln**«

Auch das gehört für mich zur Lebensentrümpelung: Zeit- und Aufmerksamkeitsräuber, die mir nichts bedeuten (es gibt auch andere, o ja! Aber dann ist es ja kein Raub), nach und nach wie Unkraut auszurupfen. E-Mail-Newsletter: unsubscribe. Whatsapp-Gruppen: stumm schalten. Ich kann und will nicht jede angesagte Serie sehen, vieles lasse ich vorbeirauschen. Twitter, Instagram: Sorry, das Leben ist zu kurz – ebenso fürs Bügeln. Samstags bleibt das Handy aus, einfach nur so. Partys schwänze ich mit wachsender Begeisterung.

Was gehen kann und was bleiben soll, wovon man mehr braucht und wovon weniger, das ist eine zutiefst persönliche Entscheidung, dafür gibt es kein Patentrezept. Was für den einen Ballast ist, ist für den anderen unverzichtbar. Jeder hat sein eigenes Zuviel, jeder muss sein eigenes Leben examinieren und wie ein guter Doktor fragen: Wo tut's denn weh? Zu viel Plunder? Zu viele sinnlose Termine? Zu viele Erwartungen, denen man gerecht werden will, zu viele Verpflichtungen, unter denen man zusammenbricht? Oder vielleicht das Gegenteil: zu viel Routine, zu viel Ödnis? Für beides gibt es Umdenk- und Umlenkmanöver.

Eines allerdings gilt für alle Formen von Vereinfachung: Es soll dann bitte am Ende auch wirklich leichter sein im Leben, nicht auf lediglich neue Weise anstrengend. Ein militanter Minimalist wie der Amerikaner Dave Bruno, der seinen Besitz auf 100 Dinge geschrumpft hat, schafft das nur, indem er die mit seiner Familie gemeinschaftlich benutzten Gegenstände wie Tisch und Stühle nicht mitzählt und seine Bücher als eins rechnet, nämlich als eine Bibliothek. Was für ein Krampf!

So, und wie geht es denn nun, das große Aufräumen? Vielleicht beginnt man mit ein paar grundsätzlichen Überlegungen:

## Schluss mit Muss

„Ich muss" ist der größte Denkfehler der Menschheit, Punkt. Entscheidungen davon abhängig zu machen, dass man die Erwartungen anderer Leute erfüllt, kann nur ins Unglück führen. Das Gleiche gilt für Erwartungen, die man für seine eigenen hält – die aber doch nur die verinnerlichten Ideen anderer sind.

Eingebildete Zwänge, ob groß oder klein (ich muss bis 30 eine Familie gründen, ich muss einen Thermomix haben, ich muss mir die Wimpern tuschen, bevor ich aus dem Haus gehe, ich muss selbst schreihässliche Geschenke aufbewahren), gehören als Allererstes entrümpelt, der Rest ist ein Kinderspiel.

Nur eines muss man wirklich, nämlich sich eine einzige Frage stellen: Was will ich? Im Unterschied zu: Was soll ich wollen? Die Antwort auf die Frage „Kind oder Karriere?" darf dann gern auch „weder noch" lauten.

Hat man sich erst vom Muss oder seiner fiesen kleinen Schwester Sollte emanzipiert und damit endlich wieder echte Entscheidungsfreiheit gewonnen, fällt alles Weitere leicht: Wir müssen die Sitzgarnitur behalten, auf der keiner sitzt, hat ja mal viel Geld gekostet? Nee, müssen wir nicht, und das Geld ist so oder so weg. Wir müssen uns mit einer Einladung zum Essen revanchieren, und es muss mindestens dreigängig sein? Oh bitte.

Selbst den Titel dieses Artikels können Sie getrost ignorieren. Mach dein Leben leichter! Nö, warum denn, wenn der Krempel in Ihrem Leben *tokimeku* bringt? Nur weil jetzt Entrümpeln angesagt ist? Pah.

## Du darfst

Wer nicht mehr muss, der darf. Für das Dürfen haben wir normalerweise feste Zeiten vorgesehen, zum Beispiel den Jahresurlaub – Auszeit vom Müssen. In diesen Auszeiten kommen wir mit wahnsinnig wenig aus: Im Ferienapartment ist nur das Nötigste, im Koffer ein Bruchteil des Kleiderschranks. Mit leisem Bedauern fährt man wieder zurück in den prallen Alltag und denkt: Könnte es nicht immer so sein, so lastenlos, so einfach?

Leichtigkeit ist schwer. Weil man uns die Schwere eingetrichtert hat. Die Ernsthaftigkeit. Die Anstrengung, ohne die angeblich nichts etwas wert ist. Per aspera ad astra, so gehört sich das, auf rauen Wegen gelangt man zu den Sternen. Aber was, wenn es einen gar nicht zu den Sternen zieht, sondern wenn man bloß an einem schönen Nachmittag im Garten sitzen möchte, den man sonst nur vom Jäten kennt?

Man darf das. Man darf Termine abblasen, man darf Nein sagen – überhaupt sollte man viel öfter Nein zu allem Möglichen sagen, ein unglaublich befreiendes Wort – und man darf Dinge einfach mal ausprobieren. Und zwar ohne Erfolgsdruck, Dinge dürfen nämlich auch was: schiefgehen. Nicht schlimm. Schlimmer wäre, es nicht probiert zu haben. Man darf mit dem Leichtwerden spielen, eine kleine Alltagsdiät einschieben. Mal eine Woche, einen Monat lassen, was nervt, tun, was sinnlos Spaß macht, und schauen, was dann passiert. Ich bin vor Jahren für einen Monat in eine kleine möblierte Wohnung in meiner eigenen Stadt, aber in einem anderen Stadtteil gezogen, nur um zu sehen, wie sich das Leben dort anfühlt. War billiger als Urlaub und deutlich spannender.

Sich die Genehmigung zum Spielen, zum Experimentieren zu geben, auch das ist Entrümpeln. Man darf ganz viel, mehr, als man denkt. Man muss es sich nur selbst erlauben, sonst tut es nämlich keiner.

## Das Prinzip »gut genug«

„Ich habe genug" lässt sich ja auf zwei Weisen lesen: Ich habe die Schnauze voll. Oder: Was ich habe und was ich mache und wie ich es tue, genügt mir. Es geht also um das Entrümpeln von Ansprüchen. Nur wer die eigenen Entscheidungen nicht ständig in Zweifel zieht und aus tiefer Überzeugung „Das reicht mir völlig" sagt, wird zufrieden sein können. Wer immer nur das Beste sucht, verplempert sein Leben beim Versuch, es zu finden.

Das Problem ist nämlich, dass die Erwartungen, die eigenen und die der Welt, immer größer werden, je mehr man schon geschafft hat. Die Latte wird stetig höher gelegt. Ich muss eine gute Mutter sein. Was bedeutet das? Die Skala ist nach oben offen, ist man je gut genug? Das ständige Bewusstsein des eigenen Ungenügens ist der Diesel in dieser Höllenmaschine. Zu gewinnen ist das Spiel sowieso nicht: Wenn man es endlich geschafft hat, alle Stapel abzuarbeiten, qualifiziert einen das nur für noch höhere Stapel.

Also muss man die Spielregeln ändern. Die Erwartungen einzäunen. Eine der besten Methoden, um sich das Leben zu erleichtern, hat mir ein Freund beigebracht, eine Frage, die zu meinem Mantra geworden ist: „Wird es in einem Jahr noch wichtig sein?" Worüber ich mich gerade aufrege, womit ich mich herumschlage – werde ich mich in einem Jahr überhaupt noch daran erinnern? (Oder in einem Monat? In einer Woche?) Es ist verblüffend, wie schnell sich die meisten Probleme in Luft auflösen, wenn man sie mithilfe dieser Frage abkühlt.

Umgekehrt heizt die Frage auch ein: Ist das, worauf ich heute so viel Kraft verwende, in einem Jahr noch wichtig? Dient es einem höheren Zweck, ist es ein Baustein für ein größeres Ganzes, macht es mich langfristig glücklich? Werde ich froh sein, es getan zu haben? Oft hilft es, die Dinge vom Ende her zu denken: Worauf möchte ich zurückblicken können, wenn ich alt bin, was will ich erlebt, gefühlt, erledigt haben? Schubladen aufräumen ist ein Anfang. Aber richtig leicht wird's erst, wenn man das wirklich Wichtige unter all dem To-do-Geröll wieder freigelegt hat.

Mehr fällt mir nicht ein zum Einfacherwerden. Nur dass es funktioniert.

Ich sitze hier in meinem einen Zimmer an dem einen Tisch, an dem alles stattfindet, lesen, schreiben, essen, Freunde satt machen (mit Hockern schaffe ich sechs) – es ist immer noch derselbe Tisch, den ich damals ersteigert hatte; er ist gut genug. Aus der Matratze ist ein Bett geworden, nach vier Jahren gibt es auch endlich eine Deckenlampe, die ich ertrage, Bücher sind gekommen und gegangen, ansonsten ist alles so wie nach meinem Einzug. Es kann so bleiben. Es ist nicht viel. Aber es ist das Richtige.

## Nachtrag

Inzwischen ist die Autorin Meike Winnemuth, 60, ein weiteres Mal umgezogen: von der kleinen Wohnung in der Großstadt in eine kleinere Stadt, nach Lübeck – ein weiterer Schritt auf der Suche nach mehr Übersichtlichkeit im Leben. ‹

Die Politökonomin Dr. Maja Göpel war Generalsekretärin des Wissenschaftlichen Beirats der Bundesregierung für Globale Umweltveränderungen. Seit Anfang 2020 ist sie Direktorin der Denkfabrik »The New Institute«. Göpel hinterfragt die bisherige Wachstumsgewissheit. Ihr Alternativvorschlag: ein Wirtschaftssystem, das »ökologisch wahre Preise« hervorbringt

# Die *Wirtschaft* neu **denken**

**Maja Göpel entwirft die Vision einer regenerativen Ökonomie, die eine *klimaneutrale Zukunft* ermöglichen soll. GEO WISSEN sprach mit ihr über die *Macht der Konzerne*, den Preis eines Schweinekoteletts und darüber, worauf sie einfach nicht verzichten möchte**

**Text:** Diana **Laarz**, Helen **Bömelburg**, Andreas **Hoidn-Borchers**

**Fotos:** Marlena **Waldthausen**

GEO WISSEN: *Frau Dr. Göpel, Sie sind in einem öko-sozialen Gemeinschaftshaus aufgewachsen. Haben Sie eine besondere Kindheit gehabt?*
DR. MAJA GÖPEL: Sie meinen, ob mir dort der Hang zur Weltrettung eingebaut wurde?

*So in etwa.*

Ich wurde auch schon gefragt, ob ich dort indoktriniert worden bin. Die Frage impliziert ja, dass wir eine Abweichung waren und alle anderen die Normalen. Ein Vater, der nur Porsche fährt und seinem Sohn sagt, er müsse jeden Tag Fleisch essen, damit er groß und stark wird, beeinflusst sein Kind doch genauso. Ja, wir haben einen anderen Lebensstil gepflegt. Und bei uns wurde sehr viel darüber gesprochen, was in der Gesellschaft möglich wäre.

*Prägt Sie das bis heute?*

Wir Kinder hatten sehr viele Freiheiten, durften uns ausprobieren und unsere Meinung auch gegenüber den Erwachsenen vertreten. Genauso wichtig war die Laborschule Bielefeld. Dort waren alle Schichten der Gesellschaft vertreten. Sie haben mich erst nicht genommen, weil schon zu viele Akademikerinnenkinder dorthin gingen. Ich habe später dort gelernt, aus verschiedenen Perspektiven auf ein Problem zu schauen und wie unterschiedlich Menschen in einer Stadt aufwachsen. Ich bin privilegiert aufgewachsen und mir war klar, dass es nicht allen so geht.

*Haben Sie Verständnis für die Menschen, die sagen: Lasst mich mit dem Gerede über Verzicht und Nachhaltigkeit in Ruhe, ich habe andere Sorgen?*

Ich verstehe es bei denjenigen, die sich um ihren Lohnzettel am Ende des Monats Gedanken machen und sagen: Ich muss aber meinen Alltag weiterhin so bestreiten wie bislang, um über die Runden zu kommen. Und dann gibt es diejenigen, die einfach keine Lust haben, nachzudenken und sich zu verändern.

*Was antworten Sie diesen Menschen?*

Es ist legitim zu sagen: Ich gebe Verantwortung ab, ich will mich nicht für die Konsequenzen meiner Entscheidungen interessieren. Aber dann darf ich mich über Ansagen und Regeln nicht beschweren, die dafür sorgen sollen, dass die unbekümmerte Auswahl der einen nicht massive Nebenkosten für andere mit sich bringt. Freiheit ist niemals nur aus der Sicht eines Individuums bestimmbar. Trotzdem wird sie heute gern von denjenigen ins Feld geführt, die ihre Besitzstände sichern wollen.

*Ihre Veränderungsvorschläge greifen massiv in das Leben der Menschen ein. Was, wenn in einer Demokratie die Mehrheit nicht bereit ist, diese Veränderungen mitzutragen?*

In Umfragen sehen wir, dass ein Großteil der Bevölkerung Veränderung wünscht. Laut einer Bertelsmann-Studie wollten 80 Prozent der Deutschen schon 2012 eine andere Wirtschaftsordnung, mit sozialen und ökologischen Zielsetzungen. Und 2019 sagten über 94 Prozent dem New Economy Forum, dass eine Gesellschaft nicht am besten funktioniert, wenn jeder zuerst an sich selbst denkt.

*Trotzdem treffen die meisten Menschen Entscheidungen, die signalisieren: Weiter so! Kaufen große Autos, fliegen in den Urlaub, jedenfalls vor Corona. Vielleicht ist der Wunsch nach Veränderung nur in Umfragen groß, die folgenlos bleiben?*

Ich mag in einer Blase leben, aber ich bekomme mehr und mehr Zuschriften von Ingenieuren, Pro-

Maja Göpel verzichtet auf viele Kleiderkäufe, auf innerdeutsche Flüge und ganz auf Fleisch. Ein komplett klimaneutrales Leben, sagt sie, sei unter den derzeitigen Bedingungen allerdings nicht möglich

grammiererinnen, Managern und Forscherinnen, aber auch von Ärzten, Pflegerinnen, Therapeutinnen und Sozialwissenschaftlern, die sich mit Gesundheit und Lebensqualität auskennen. Die sagen: Wir haben doch viel bessere Lösungen, wir könnten alles ganz anders organisieren. Für mich ist das eine fantastische Botschaft und ein Fundus an Innovationen für eine Aufbruchstimmung, so etwas wie eine neue Gründerzeit.

*Im Moment wirkt es eher so, als müssten Sie uns zu mehr Nachhaltigkeit überreden.*

Überreden ist nicht mein Ding. Ich zeige lieber die konkreten Lösungen, mit denen das gute, nachhaltige Leben einfacher und selbstverständlicher wird. Davon gibt es schon sehr viele. Mit mutigen Investitionen und der Überwindung politischer Blockaden könnten sie sich viel schneller verbreiten. Damit verändern sich auch die Alltagsstrukturen, Routinen und Konsumgewohnheiten. Wer sich heute für einen nachhaltigen Lebensstil entscheidet, weicht ab vom bequemen oder normalen oder sogar politisch subventionierten Pfad. Noch ist es wie ein Schwimmen gegen den Strom.

> »Überreden ist nicht **mein Ding. Ich** zeige lieber die konkreten **Lösungen,** mit denen das gute Leben einfacher wird«

*Worauf verzichten Sie gern?*

Die Deutschen kaufen durchschnittlich 60 Kleidungsstücke pro Jahr. Ich vielleicht ein Zehntel dessen.

*Und welcher Verzicht fällt Ihnen schwer?*

Eine heiße Dusche empfinde ich als unglaubliche Entspannung und gönne sie mir auch mal länger.

*Leben Sie klimaneutral?*

Das geht unter den heutigen Alltagsstrukturen gar nicht. Aber bei den „vier F“ – Fliegen, Fleisch, Fummel und Finanzen – bin ich sehr konsequent. Innerdeutsch fliege ich nicht, auch nicht für den Job.

*Es gibt inzwischen viele Menschen, die so leben. Aber bringt das wirklich etwas?*

Auch kleine Veränderungen können natürlich etwas bewirken. Wir Menschen sind nachahmende soziale Wesen. Wenn jemand, den ich kenne, sein Leben verändert, regt mich das vielleicht dazu an, das auch zu tun. Aber diese individuellen Schritte genügen nicht. Die Aussage, dass alle Menschen die Freiheit haben, die Gesellschaft so zu beeinflussen, wie sie es möchten, ist eine beliebte Rhetorik aus der Politik. Doch sie führt in die Irre.

*Warum? Ich könnte doch tatsächlich hier und jetzt entscheiden, ganz anders zu leben, bewusster und minimalistischer. Ich habe die Wahl.*

Klar. Aber damit verändern sie nicht die Regeln und großen Rahmenbedingungen für Infrastruktur, Investitionen, Steuern, Standards, Beschaffungswesen und so weiter. Diese großen Strukturen schieben uns aktuell in Richtung nicht nachhaltiger Entwicklung, und sie zu verändern, ist Aufgabe der Politik.

*Diese Politik und ihre Vertreter haben wir ja selbst gewählt. Sind also die Rahmenbedingungen, die Sie kritisieren, nicht am Ende auch von uns selbst gewählt?*

Teils, teils. Wir sehen ja gerade bei Umweltthemen, dass die zu erwartenden Veränderun-

gen politischer Maßnahmen nicht ehrlich kommuniziert werden. Aktuelle Beispiele reichen vom vermeintlich grünen Paradigmenwechsel in der europäischen Landwirtschaftspolitik über eine schnellstmögliche Energiewende durch die Reform des Erneuerbare-Energien-Gesetzes hin zu Schwerpunkten in der Verkehrspolitik. Und kulturell leisten wir uns in unserer Demokratie heute anstatt eines Ideenwettbewerbs im Dienste des langfristigen Gemeinwohls eher einen Parteienwettkampf im Dienste der kurzfristigen Umfragen.

*Die Politik hat also Schuld, wenn wir uns selbst zerstören?*

Ich vermeide den Begriff der Schuld und interessiere mich für die strukturellen und kulturellen Bedingungen, unter denen Menschen handeln. Das gilt auch für Politikerinnen, bei denen medial aufgeheizt jede Aussage skandalisiert wird und die zunehmend Morddrohungen dafür erhalten, dass sie sich um Interessenausgleich bemühen. Systemische Innovationsansätze schauen alle Akteure und ihre Beziehungen untereinander an, um ein Problem und seine Ursprünge zu begreifen. Und beim Konsum bleibe ich dabei: Nicht die Verbraucher bestimmen, was auf dem Menu steht, aus dem sie dann auswählen können. Und was nie auftaucht, kann ich nicht auswählen.

In den Protesten von »Fridays for Future« sieht Göpel einen möglichen Kipppunkt, der große Veränderungen möglich machen könnte. Die Ökonomin unterstützt auch die Kampagne »Scientists for Future«

*Was bedeutet das?*

Dieses Vorstrukturieren der individuellen Freiheitsräume passiert eben im politischen und zunehmend im privatwirtschaftlichen Raum. Da werden Marketing- und Lobbykampagnen noch und nöcher gefahren, um uns in jene Richtung freiheitlich entscheiden zu lassen, die von einflussreichen Geschäftsmodellen präferiert wird. Die geschichtlich einzigartige Macht der Konzerne und Investoren im Vergleich zu Nationalstaaten ist ein Problem für Gesellschaftsformen, die sich demokratische Marktwirtschaft nennen möchten.

*Man mag die Werbung ja für böse halten, aber wir Konsumenten sind frei darin, uns zu entscheiden.*

Böse war nicht mein Wort. Nur unbeeinflusst sind wir eben nicht. Präferenzen sind nicht irgendwie gottgegeben. Es ist zum Beispiel kein Zufall, dass nur in Deutschland so viele Diesel-SUV verkauft werden. Das hat mit Verkaufsprämien für die Händler zu tun, Gewinnmargen, Steuervergünstigungen gegenüber Benzinern und Werbekampagnen, in denen durch verwässerte Umweltpolitik auch die schweren Autos grüne Plaketten zur Schau tragen.

*Was muss jetzt unbedingt mit auf das Menu?*

Wir müssen zunächst einmal die Erzählung hinterfragen, dass immer alles wachsen muss und kann und sollte. Der Kuchen wird immer größer, wird propagiert, jeder kann immer mehr davon haben. Das war bisher unglaublich befriedend. Nicht so schlimm, wenn das Stück vom Nachbarn ein bisschen größer ist als meins, denn meins kann ja noch wachsen. Aber in biologischen Systemen gibt es natürliche Grenzen. Was wäre also eine faire Ressourcenverteilung, wenn alle Menschen das gleiche Recht auf Planetennutzung haben? Und unter welchen Bedingungen fühlen Menschen sich sicher, wohl und erfüllt? Auch Lebensqualität wird nicht auf einer oben offenen Skala gemessen, sondern auf einem Kontinuum zwischen 0 und 10. Das ist schlicht eine andere Fortschrittsformel: hohe Lebensqualität für alle bei geringstmöglichem ökologischem Fußabdruck. Damit wären auch wirtschaftlicher Erfolg und gutes Leben sehr anders definiert.

»Menschen freuen **sich länger und** es geht ihnen besser, **wenn sie** anderen etwas **ermöglicht** haben«

*In Ihrem neuen Buch fordern Sie eine „regenerative Ökonomie". Wie soll die aussehen?*

Am Anfang steht die Wertschätzung für die Natur. Sie stellt uns ja dauerhaft immer wieder her, was wir nutzen. Daraus abgeleitet sollte mindestens die Preisgestaltung diese Wertschöpfung anzeigen und vor Übernutzung warnen. So würden zum Beispiel Bauern dabei unterstützt, die Biodiversität zu erhalten. Oder es gäbe Steuern, die bei den Konzernen anfallen, die Rohstoffe aus der Erde holen, und Steuervergünstigungen für Produkte, die recycelt oder repariert wurden. Das würde Innovationen antreiben. So käme man durch andere Preise – ein für uns vertrautes und wirksames Mittel – zu mehr Nachhaltigkeit. Wenn Preise nicht die Wahrheit sagen, versagen Märkte. Also ist es die Aufgabe der Politik, die Marktwirtschaft entsprechend zu reparieren.

*Sie wollen das gesamte Wirtschaftssystem umkrempeln.*

Ich möchte die Treiber nachweislich gefährlicher Veränderungen entschärfen. Das Wirtschaftssystem, das wir heute haben, war nicht schon immer da. Es ist erfunden, entwickelt, verändert und beschleunigt worden, von Menschen mit Ideen, Technologien, Interessen und Einfluss. Manchmal transparent, manchmal weniger. Schauen Sie mal genau hin, der Kapitalismus von 1945 sah sehr anders aus als der von 1970 oder 2020. Momentan verlangen wir von den Menschen und Unternehmen sehr viel Eigenverantwortung und Engagement und Risiko, wenn sie nachhaltiger leben und wirtschaften möchten. Wir könnten ja einfach mal die nachhaltigen Lösungen systematisch unterstützen.

*Das heißt?*

Im Kleinen: Bequemlichkeit nutzen. Wer unbedingt noch Kohle- oder Atomstrom haben möchte, kann den Stromanbieter wechseln. Wer Fleisch essen will, kreuzt das in der Kantine als Sonderwunsch an. Die Norm wird das Nachhaltige, nicht umgekehrt. Und Freiheit gibt es für alle, die von dieser Norm abweichen wollen – so wie die Raucher heute eben draußen rauchen.

*Okay, und im Großen?*

Müssen wir die Planwirtschaft in Konzernhand beenden. Beim Handel mit Nahrungsmitteln, bei Digitalkonzernen und der Finanzbranche haben eine Handvoll Konzerne riesige Marktanteile. Wir brauchen ein Kartell- und Steuerrecht, das Geschäftsmodelle verhindert, die systematisch den Gesellschaftsvertrag unterminieren, keine Steuern zahlen, Marktmacht missbrauchen und Staaten gegeneinander ausspielen.

*Wird das Leben dann teurer?*

Wenn Sie „das Leben" auf die Höhe des materiellen Konsums von heute reduzieren: ja. Aber wenn wir mal das gesamte Steuer- und Abgabensystem auf seine Lenkungswirkung anschauen und einem Update unterziehen, dann könnte das auch so gestaltet werden, dass es für die Bürgerinnen mit geringeren Einkommen aufwandsneutral ist. Abgaben auf Arbeit und Einkommen zum Beispiel könnten sinken, wenn die auf Umweltverbrauch erhöht werden. Auch die Mehrwertsteuer könnte für Produkte reduziert werden, die durch Recycling, Reparatur und Regeneration entstanden sind. Sie würde also eine Minderwertsteuer, da sie Produkte und Praktiken trifft, die unnötig hohe Umweltzerstörung in Kauf nehmen. Finanzgewinne aus Miet- und Pachtsteigerungen oder spekulativer Wertentwicklung von Immobilien sollten konsequent abgeschöpft werden. Es sind unverdiente Einkommen, denn da hat niemand was Produktives getan. Gleichzeitig sind diese Zahlungen ein steigender Anteil von Haushaltsbudgets bei gering und normal verdienenden Bürgern und Bürgerinnen.

Wir müssen raus aus der Abwärtsspirale, dass wir keine ökologisch wahren Preise machen, weil einige Menschen sich das Leben sonst nicht leisten können.

»Freiheit wird heute gern **von denjenigen** ins Feld geführt, **die ihre** Besitzstände **sichern wollen«**

***Und dann kostet ein Schweinekotelett wie viel?***

Aus heutiger Sicht: sicher viel. Aber heute ist es auch künstlich billig und unter schwer erträglichen Bedingungen hergestellt. Auch Probleme wie verseuchte Böden und Antibiotikaresistenzen sind aktuell eben nicht eingerechnet.

***Was macht sie eigentlich so optimistisch, dass die Menschen zu so viel Verzicht und Teilen bereit sind?***

Gegenfrage: Wieso wird ständig von Verzicht geredet, so als hätten wir auf das aktuelle Konsumniveau einen Anspruch? Deutsche Lebensstile und industrielle Fertigung brauchen viele, viele Ressourcen, die außerhalb unserer Landesgrenzen liegen. Ob die jeweiligen Ursprungsländer diese Ressourcen weiter mit uns teilen wollen, wenn deren Bestände zunehmend knapper werden, wird sich zeigen. Das verstehen auch immer mehr Menschen. Es sind also meiner Wahrnehmung nach insbesondere Medien und Besitzstandswahrer, die immer wieder das Menschenbild des unersättlichen und egoistischen Anhäufens bemühen, anstatt endlich die Frage nach vorne zu stellen, worum es eigentlich geht.

***Und worum sollte es gehen?***

Frieden und Sicherheit zu erhalten. Und dann die positiven Botschaften aus der Forschung aufzuzeigen, nämlich dass hohe Lebensqualität nicht die Erde kosten muss und dass sich Menschen länger freuen und dass es ihnen besser geht, wenn sie anderen etwas gegeben oder ermöglicht haben. Wenn ich etwas gebe, fühle ich mich gestaltungswirksam. Dieses eingebettet sein in menschliche Beziehungen, ist die ursprüngliche Idee von Glück und vom guten Leben. Es hat eben wenig damit zu tun, von Natur aus immer mehr haben zu müssen und viel damit, soziokulturell Angst davor zu haben, aus der Norm der Gemeinschaft zu fallen oder den Anschluss zu verlieren.

***Werden wir den Anschluss verlieren?***

In der ganzen Debatte kristallisieren sich meiner Meinung nach drei konkrete Fragen der Verunsicherung heraus, auf die wir Antworten geben müssen: 1. Werden wir genug haben? 2. Werden wir genug teilen? 3. Wer sind eigentlich „wir"?

***Und: Wer sind eigentlich wir?***

In einer globalisierten Welt sind fast alle vernetzt. Und die ökologische Frage ist von der sozialen nicht zu trennen. Deshalb ist der Untertitel der Nachhaltigkeitsziele der Vereinten Nationen so ungemein wichtig: „Leave no one behind." Wir dürfen niemanden zurücklassen. Im Umkehrschluss heißt das dann aber auf einem begrenzten Planeten auch, dass niemand unendlich scheffeln kann. Das wird ja mit Bezug auf die oberen ein bis zehn Prozent der Weltbevölkerung zunehmend diskutiert.

***Sie haben viele Ideen, aber es passiert sehr wenig. Sie müssen sehr oft sehr frustriert sein.***

Dafür finde ich das Leben viel zu aufregend. Ich liebe die Schönheit der Natur und die Genialität und Güte von Menschen. Natürlich bin ich gelegentlich frustriert oder auch mal tieftraurig. Aber auch ich lebe nur einmal und dafür lohnt es sich, den Fokus auf die positiven Sachen zu legen. Und wir sollten nicht vergessen, dass es auch in Gesellschaften Kipppunkte gibt, also Momente, in denen auf einmal sehr viel Veränderung denkbar und machbar wird, die vorher unmöglich schien. Das kann durch externe Schocks wie Corona sein, aber auch durch soziale Bewegungen und Aufklärung, wie die Fridays for Future sie in die Breite getragen haben.

»Corona hat auf **jeden Fall dazu** geführt, dass die **Routinen** unterbrochen **wurden«**

***Brauchen wir Katastrophen, um zu großen Schritten bereit zu sein?***

Historisch betrachtet ist die Antwort: leider ja. Und persönlich betroffen sein ist ein großer Hebel. Es ist kein Wunder, dass die Klima-Debatte wieder Rückenwind erhielt zu einem Zeitpunkt, an dem die reichen

Der Gedanke an Verzicht macht Göpel keine großen Sorgen. Sie spricht vom »bewussten Konsum« und erwartet, dass Ideen und Innovationen eine »neue Gründerzeit« anstoßen

Industrieländer selbst die Effekte spürten: Die wahnsinnigen Brände in Australien und Kalifornien, in Deutschland stirbt der Wald, die Brandenburger Seen trocknen aus.

*Wie genau hilft Corona beim Umdenken?*

Corona hat auf jeden Fall dazu geführt, dass die Routinen unterbrochen wurden, neue Abläufe, Lösungen und Produkte getestet wurden. In Krisen rücken automatisch die Dinge nach vorn, die wirklich wichtig sind. Die Frage danach, wie menschliche Gesundheit und Umweltqualität zusammenhängen, erschien auf der Agenda, und die Wertschätzung oder gar Systemrelevanz von sozialen Tätigkeiten in der Gesellschaft wurde politisiert.

*Wird dieser Effekt auch noch nach Corona anhalten?*

Aus meiner Sicht werden wir bei den sozialen Fragen ein deutliches Nachspiel erleben. Die Verteilungswirkungen der Einschränkungen und Rettungspakete werden immens sein – und zwar zugunsten derer, die sowieso schon besser gestellt waren. Wenn also schon der Vergleich mit dem Zweiten Weltkrieg gemacht wird, dann sollte er nicht nur für die Krisenmaßnahmen gelten. Ein wichtiges Element damals war auch der Lastenausgleich: Nach der Krise gilt es dafür zu sorgen, dass Chancen wieder gerecht verteilt werden und dass die Schultern mehr tragen, die breit sind – oder durch Krisenmaßnahmen sogar noch breiter geworden sind. Dafür braucht es jetzt eine klare politische Agenda.

*Haben Sie einen Rat an Eltern, wie man eine nachhaltig denkende Generation großzieht?*

Viele Fragen stellen und Zusammenhänge entdecken lassen. Und auf keinen Fall den Idealismus bremsen. Als junge Aktivistin habe ich diese älteren Herren in den Diskussionsrunden gehasst: „Als ich so alt war wie du, hatte ich auch diesen Idealismus.“ Ja, und warum hast du den abgegeben?

*Sind Sie noch Idealistin?*

Ideale haben ist großartig. Sie bieten Inspiration und Ansporn und schützen vor Zynismus. „Realismus“ ist oft ein Argument, das Bequemlichkeit kaschieren soll. ‹

# Das Weite gesucht

Litløya, vom Nordmeer umtost und von Seeadlern und Kormoranen besucht, gehört zum Archipel der Vesterålen. 300 Stufen führen vom Anleger steil hinauf zu Elena Hansteensens Haus

Ihre Sinne sind auf Empfang, ihre Smartphones selten: Die Menschen, die der französische Fotograf **Brice Portolano** porträtierte, haben sich für das einfache Leben entschieden, **die große Freiheit**. Die fanden sie auf einer norwegischen Insel, in den Bergen des Iran und in der Pampa

**Text:** Fred **Langer**

# »Wenn ich auf die Berge, den Himmel, das Meer schaue, dann gibt mir das **ein großartiges Gefühl von Freiheit«**

Um 14 Uhr nachmittags steht die Sonne im November schon tief. Kurz darauf setzt die Polarnacht ein, und es bleibt 35 Tage lang dunkel

Elena Hansteensen kennt die Metropolen der Welt, ihr Lebensglück fand sie in einem Leuchtturmwärterhaus

**Eine einsame Insel,** darauf ein Leuchtturm – dieses Bild hatte Elena Hansteensen lange schon im Kopf. Sie arbeitete als Journalistin, spezialisiert auf den Nahen Osten, »aber ich wollte immer so nah wie möglich am Meer sein.« Auf Litløya machte sie ihren Traum wahr. Noch bis in die 1950er Jahre wohnten Fischer auf der Insel, doch mit dem Aufkommen starker Bootsmotoren gab es für sie keinen Grund mehr, dort draußen auszuharren; das Dorf zog um aufs Festland. Mit Hansteensen kehrte wieder Leben ein. Sie ist jetzt der gute Geist im einst verlassenen Haus des Leuchtturmwärters.

Den blauen Fischfang-Behälter nutzt Elena als Behelfsboot, um ihr Motorboot zu erreichen, das sie zuvor an der Plattform in der aufgewühlten See befestigt hatte

Der Leuchtturm ist noch in Betrieb, eine moderne LED-Anlage weist heute Fischern den Weg. Vielleicht wird Hansteensen hier irgendwann eine Künstlerresidenz einrichten

Ali Ghoorchian, Kunstprofessor, verließ Teheran, um fortan mit Pferd, Pfeil und Bogen das Elburs-Gebirge zu durchstreifen

»Der Berg ist **mein Königreich.** Hier kann ich gehen, wohin ich will«

Manchmal trainiert Ali Ghoorchian Gäste wie diese Frau im traditionellen Schwertkampf; beide haben Gewänder angelegt wie Kämpfer im früheren Persien

Bevor es wild wird beim Training mit den Pferden, genießt Ghoorchian die morgendliche Ruhe bei einem Tee in der Küche

**Ali Ghoorchian** lehrte als Kunstprofessor an der Universität Teheran. Dann hatte der damals 42-Jährige genug von der Hektik der iranischen Metropole. Er verließ die Stadt und wurde Aufseher in den Stallungen am Fuße des Elburs-Gebirges, wo die Pferde reicher Teheraner stehen. Wenn die Arbeit getan ist, geht er tagelang hinauf in die Berge. Dort folgt er seiner Leidenschaft: dem berittenen Bogenschießen in der Tradition alter Steppenvölker. Gelegentlich verlässt er die Abgeschiedenheit, um bei internationalen Wettbewerben anzutreten: Er ist zweifacher Weltmeister seiner Disziplin.

Ein übermütiges Fohlen begleitet Ali Ghoorchian beim Üben für das Mogu, ein Reiterspiel mit Pfeil und Bogen. Er zieht einen Stoffballen hinter sich her, der den Wettkämpfern als Ziel dient

# »Materielle Güter **sind mir gleichgültig**. Die Natur gibt mir alles, was ich brauche«

Schlittenhunde sind Tinja Myllykangas' Gefährten. Maïlma begrüßt sie stürmisch

Der Wunsch nach einem Leben in Einfachheit zog die Biologin Tinja Myllykangas in die große weiße Welt Lapplands

Lappland, Finnland

Lockruf der Wildnis: Wenn das Rudel sein Konzert anstimmt, tönt es wie Wolfsgeheul durch die arktische Weite

**Tinja Myllykangas** lebt gut 250 Kilometer nördlich des Polarkreises, mitten in der Einsamkeit, doch nicht allein. Ihr Freund Alex, der Schlittenhunde züchtet, ist bei ihr. Und dann sind da noch ihre eigenen Hunde. Wenn sie von den Tieren spricht, lächeln ihre hellen Augen, und sie schwärmt: »Sie sind meine besten Freunde. Mit ihnen verfliegen alle Sorgen.« Myllykangas hat Biologie studiert, im Süden des Landes, die Stadt aber leichten Herzens verlassen. Sie liebt den Winter oben im Norden, wenn die Temperaturen auf bis zu minus 40 Grad sinken. »Dann zeigt sich die arktische Natur in ihrer ganzen Pracht.«

Das Reich von Tinja Myllykangas und ihrem Freund Alex besteht aus einem einzigen Raum, der 20 Quadratmeter misst

»Hier hat alles, was ich mache, **eine unmittelbare Bedeutung:** Holz hacken, um zu heizen, Gemüse anbauen, um zu essen«

**George Lidgley restaurierte für sich und seine Familie ein verfallenes Gehöft in der Toskana**

Toskana, Italien

**Das 400 Jahre alte Bauernhaus** auf einem Berg ist nur über eine schwer befahrbare Piste erreichbar, inmitten tiefer Wälder; in einer Landschaft, die so gar nicht dem klassischen Toskana-Bild entspricht. Als der heute 33-jährige George Lidgley hierherzog, war das Gehöft eine Ruine. Lidgley, geboren in England, hat es mittlerweile so weit hergerichtet, dass er im Sommer Touristen aufnehmen kann. Im Winter wurde er stets zum Einsiedler, die Einsamkeit war hart, erinnert er sich – bis ein Gast für immer blieb: Sophie, die seine Frau wurde und die Mutter ihrer gemeinsamen Kinder.

Sophie, Lidgleys Frau, schneidet Kräuter im Garten, ihre Tochter India auf dem Rücken

Glückliche Augenblicke: Lidgley hält inne und lächelt seinem Sohn Cayo zu, während er Feuerholz auf den Geländewagen lädt

Fernab der Klischee-Toskana lebt die Familie inmitten der Einsamkeit; ringsum sind die Dörfer verödet

Sky Carrithers lebt mit ihrer kleinen Familie auf einer Ranch am Rande der Anden, züchtet dort Rinder und hält Schafe sowie Ziegen

»Unser Familienleben **dreht sich um Tiere**. Es wäre seltsam, irgendwo zu sein, wo keine Hühner gackern oder Vögel singen«

Der fünfjährige Leo hat ein totes Gürteltier gefunden

**Sky Carrithers** ist eine Gaucha, ein argentinisches Cowgirl: Ihre Ranch sieht aus wie die Kulisse eines Wildwestfilms. Geboren wurde sie in den USA, als Tochter einer wohlhabenden Hippiefamilie, die einen Teil des Jahres in Argentinien verbrachte.
Mit 30 gab sie ihrer Sehnsucht nach und siedelte ganz über nach Südamerika. Dort hält sie Rinder mit ihrem Ehemann Luciano, der aus der Gegend stammt. »Wir haben auch Ziegen, Schafe, Hunde, Katzen und 30 Pferde.« Unbeschwert ist ihr Dasein nicht. »Wir haben Angst, dass unsere Wasserquellen versiegen. Es wird von Jahr zu Jahr heißer und trockener.«

Die unwegsame Landschaft macht den Viehtrieb für die Gauchos zu einem mühsamen Unterfangen

Vater-Sohn-Idyll am Feierabend: Luciano trinkt einen Matetee, seinen Sohn Leo im Arm

Im Winter ist das Leben ruhig, aber an einem Sommertag wie diesem steht Sky um 6.30 Uhr mit der Sonne auf – die Arbeit wartet

**Einst war Zaya Oldov** ein amerikanischer Teenager wie Millionen andere auch, mit ihren Eltern besuchte sie im Sommer die Vergnügungsparks. Später studierte sie in Schanghai Internationale Beziehungen, schließlich kehrte sie zurück in ihre ursprüngliche Heimat Mongolei; ein Land, von dem sie kaum mehr kannte als die Hauptstadt Ulaanbaatar. Die Arbeit für eine Hilfsorganisation brachte sie mit dem Volk der Tsaatan in Kontakt – und sie schloss sich ihm an. Oldov ging auf in einer Gemeinschaft von 130 Rentiernomaden und lebt mit ihnen in einem Camp, bestehend aus 15 Zelten. Sie hat geheiratet und einen Sohn bekommen. Das Leben hier, sagt sie, werde niemals eintönig. »Jahreszeiten vergehen, Babys werden geboren, die Tiere müssen auf neue Weidegründe getrieben und ihre Geweihe geschnitten werden, damit sie sich in Rangkämpfen nicht verletzen.« Oldov ist abgetaucht in eine andere Welt, eine vergessene Zeit, in der Schamanenglaube noch sehr präsent ist, und sie sagt: »Kein Geld der Welt könnte die Werte aufwiegen, die ich hier lebe.«

Zaya Oldov, die in den USA aufwuchs, hat sich dem Nomadenvolk der Tsaatan angeschlossen

»Ich spüre ein **reines, intensives Glücksgefühl,** wenn ich mit den Rentieren durch die Taiga streife«

Khuvsgul Aimag, Mongolei

»Ich habe ein absurdes Leben verlassen, um frei zu sein,
für mich selbst zu arbeiten,
im Herzen der Natur zu sein«

**Jerry Ryggs** lebt in der Wildnis, ohne menschliche Nachbarn. Selten knarzt das Funkgerät, wenn der Pilot des Wasserflugzeugs sich ankündigt, um Kisten mit Austern abzuholen. Ansonsten sind nur die Stimmen der Natur zu hören. Ryggs' Nachbarn, das sind Adler und Otter, Schwarzbären und Wölfe, das sind die Buckelwale und Orcas, die vor seinem Haus durch die Bucht gleiten. In seinem früheren Dasein, als Immobilienmakler in Michigan, hat er seinen Lebensunterhalt sehr viel leichter verdienen können als jetzt, mit der Austernzucht, die er sich erst mühselig beibringen musste. Aber dieses harte Leben am Nordpazifik bedeutet dem 63-Jährigen wahre Erfüllung.

Der ehemalige Immobilienmakler Jerry Ryggs wurde zum Austernfarmer auf der Prince-of-Wales-Insel

# »Menschen sind **einfach nicht dafür geschaffen,** den ganzen Tag vor dem Bildschirm zu sitzen«

**Benjamin Bombard und seine Frau Katherine leben radikal autark und gehen auf Distanz zur Konsumgesellschaft**

**Benjamin Bombard** und seine Frau Katherine züchten Gänse, Hühner, Enten, sie fischen Forellen, bauen Obst und Gemüse an, im Keller gären Bier und Wein. Im Herbst, sobald der erste Schnee fällt, steigen sie hinauf in die Berge, um einen Elch zu erlegen. Mit mehreren Hundert Kilogramm Fleisch, auf Packpferde verladen, kehren sie zurück, sie machen daraus Trockenfleisch, Eintopf, Würstchen, davon können sie ein Jahr lang leben. »Es gibt vieles, was ich an unserer Konsumgesellschaft kritisiere«, sagt der 35-Jährige, der früher Vegetarier war, »aber einer der schlimmsten Auswüchse ist die industrielle Fleischproduktion.«

**Abends steht Bombard am Herd und zieht genussvoll an der Pfeife**

**Ein einfaches Lager im Ashley National Forest im nordöstlichen Utah: Von dort aus geht es auf die Elchjagd**

Nahrung selbst produzieren – für das Paar gehört die Selbstversorgung zum Lebensglück. Die Schweinehälfte werden sie gemeinsam verarbeiten

Bombard hat am frühen Morgen einen Elch geschossen; nun macht er sich auf, das Tier auszunehmen und zu enthäuten

**ALEXANDER DER GROSSE,** Heerführer der Griechen, besucht Diogenes von Sinope, den Totalverweigerer, der angeblich sogar in Tonnen hauste. Der Militärmanager tritt näher und bietet dem vermeintlichen Obdachlosen Hilfe an. Der, nun im Schatten Alexanders liegend, hat einen einzigen Wunsch: „Geh mir nur ein wenig aus der Sonne."

Das Denken des Diogenes, asketischer Philosoph und Habenichts aus freien Stücken, kreiste vor knapp zweieinhalbtausend Jahren um Themen, die heute hochaktuell sind: Wahrhaft glücklich ist nur, wer sich von überflüssigen Bedürfnissen und äußeren Zwängen freigemacht hat.

Diogenes ist ein antiker Postwachstums-Praktiker, der die *autárkeia*, die Selbstgenügsamkeit, zum zentralen Begriff seiner Philosophie macht. Und sie konsequent lebt. Ähnlich wie die Menschen, die Brice Portolano mit seiner Kamera begleitet hat. Seine Diogenes-Nachfolger sind so unterschiedlich wie die Orte, an denen er sie traf. Doch ein Gefühl teilen sie: den Überdruss am Zuviel.

**TINJA MYLLYKANGAS** etwa, die junge Frau, die ein Leben gut 250 Kilometer jenseits des Polarkreises führt; nicht als Bettlerin in der Tonne, sondern als autarke Herrscherin über ein selbst gegründetes Reich, in einer 20 Quadratmeter kleinen Hütte. Eine Eiskönigin von eigenen Gnaden, die den Winter liebt, in dem sich, wie sie sagt, die Arktis in ihrer ganzen Pracht offenbare; mit den Sternen am Himmel und den wehenden Nordlichtern, die sie mit nie endender Ehrfurcht betrachtet.

Geh mir ein wenig aus dem Polarlicht: Die Offerten von Zivilisation und Konsumgesellschaft schlägt Myllykangas dankend aus. Fließendes Wasser? Gibt es am Fluss, in dessen Eisdecke sie allmorgendlich ein Loch hackt, um zwei Eimer zu füllen. Heizung? Holz für den Ofen schlägt sie selbst. Strom? Kerzen erleuchten das Haus; warmer Schein fällt auf die Bilder der Schlittenhunde an den Wänden, die ihr Gefolge sind.

**»EIN MENSCH IST REICH** im Verhältnis zur Zahl der Dinge, auf die er verzichten kann", schrieb ein anderer Philosoph der Ab- und Einkehr: Henry David Thoreau, der sich 1845 in eine selbst gebaute Hütte in Massachusetts zurückzog und sein Daseinsexperiment in dem Buch „Walden oder Leben in den Wäldern" beschrieb. „Ich wollte tief leben, alles Mark des Lebens aussaugen, so hart und spartanisch leben, dass alles, was nicht Leben war, in die Flucht geschlagen wurde." Dieser Satz Thoreaus beschreibt erstaunlich präzise auch die Lebensmaxime der jungen Frau in ihrem arktischen Reich. Portolano sagt, sie habe ihn am meisten beeindruckt von all den Sinnsuchern, die er während seiner fünfjährigen Arbeit an dem Fotoprojekt traf. Warum? Weil sie in so inniger, kompromissloser Verbindung mit der Natur stehe.

Von Natursehnsucht durchdrungen ist auch Portolano. Acht Jahre hat er im Zentrum von Paris gelebt, dann verließ er die Metropole. Weil er nach etwas Größerem suchte, als Städte es bieten können. Genau wie die Menschen, die er in seinen Bildern zeigt. Die Entschlossenheit, den urbanen Zentren mit ihren Verlockungen den Rücken zu kehren, ist keineswegs nur ein Phänomen westlicher Überflussgesellschaften – auch das ist eine überraschende Erkenntnis aus diesem Fotoprojekt.

**ALI GHOORCHIAN** etwa floh aus der iranischen Hauptstadt Teheran hinauf ins Elburs-Gebirge. Dort, unter dem Gipfel des 5600 Meter hohen Damavand, den die persische Dichtung „Kuppel der Welt" nannte, jagt er seinen Träumen nach; zu Pferd und mit Pfeil und Bogen. „Ich wollte ungebunden sein und den wesentlichen Dingen des Lebens gegenübertreten", schrieb Thoreau – als hätte er Ghoorchian gemeint.

Der Fotograf sagt, die Begegnung mit diesen Menschen habe seine Natursehnsucht angefacht. Ein Gefühl, das aufsteigt aus der Kindheit. Sein Elternhaus stand auf einem weiten, wilden Grundstück in Südfrankreich mit Blick auf einen markanten Gebirgszug: den Montagne Sainte-Victoire, dessen Konturen im klaren Licht der Provence schon Maler wie Cézanne, Renoir und Picasso inspirierten.

„Wir Kinder lebten sehr einfach", sagt Portolano, „die Natur war unser Abenteuerspielplatz, wir haben Baumhäuser gebaut. Wir hatten viel Zeit. Ich bin dort ohne TV aufgewachsen."

„No Signal", kein Empfang, so nennt Portolano sein Fotoprojekt. Radikale Technikverächter aber sind seine Protagonisten nicht. Sky Carrithers etwa, die ein Gaucho-Leben am Rande der Pampa in Argentinien führt, nutzt ihr Smartphone. Nur muss sie zum Telefonieren einen windgepeitschten Hügel emporsteigen, um dort, mit etwas Glück, ein Signal zu empfangen.

Es ist auch der Überdruss an zu viel Kommunikation, am Diktat der totalen Erreichbarkeit, der Portolanos Pioniere das Weite suchen lässt. Funkstille stärkt die Wahrnehmungsempfindlichkeit für Signale, die untergehen im Rauschen der Städte, fortgetragen werden von der anschwellenden Mitteilungsflut.

„Aber siehe – nun ist es Abend geworden und nichts Berichtenswertes ward getan", schreibt Thoreau. Heute, da viel zu viel für berichtenswert gehalten wird, klingt der Satz wie das Versprechen einer anderen, stillen Welt. Thoreau war ein Meister solcher feder-

»Ein **Mensch** **ist reich** im Verhältnis *zur Zahl* der *Dinge*, auf die ***er verzichten*** kann«

*Henry David Thoreau*

leichten Sentenzen. Er konnte sie sich auch gut zu eigen machen, da er nie allzu weit weg von der Zivilisation lebte, die Stadt stets in greifbarer Nähe. Wer den radikalen Bruch wagt, kommt mit schwärmerischem Philosophieren nicht weit. Oder geht daran zugrunde, so wie der unglückselige Glücksritter Christopher McCandless.

McCandless war ein junger Mann aus wohlhabender Familie, der sich nach einem Leben fernab des Wohlstands sehnte. Zunächst vagabundierte er durch die USA, nur mit dem Notwendigsten ausgerüstet, wie Diogenes. Schließlich zog es ihn in die Wildnis Alaskas, wo er 1992 an Hunger und Entkräftung starb. Weil ein Survivalbuch nicht reicht, um so weit draußen in der stillen Weite überleben zu können. „Into the Wild", in die Wildnis, heißen Buch und Film, mit denen die Aussteigertragödie weltbekannt wurde.

**»WERDE ICH NICHT** genug damit zu tun haben, das Fortschreiten der Jahreszeiten zu beobachten?" Jerry Ryggs, ein ehemaliger Immobilienmakler, der sich in die Wildnis Alaskas zurückzog, würde über diesen Satz Thoreaus lächeln. Er schuftet mindestens zehn Stunden am Tag, meist ab 4.30 Uhr, auf seiner selbst gegründeten Austernfarm, um überleben zu können, wo er leben will.

„Ich habe ein absurdes Leben verlassen, um frei zu sein, für mich selbst zu arbeiten und im Herzen der Natur zu sein", sagt Ryggs. An einem Ort, an dem man alle vier Jahreszeiten an einem Tag vorüberziehen sehen kann, ergänzt Portolano. Er durfte Ryggs für zwei Monate besuchen, weil er sich ihm als Hilfsarbeiter angedient hatte.

**PORTOLANOS BILDER** erzählen Geschichten von Verzicht und Entbehrung, die Erfüllung bedeuten. Sie zeigen Orte, besiedelt und beseelt von offenbar glücklichen Menschen. Die innere Ruhe, die sie ausstrahlen, weckt Sehnsüchte. Wie schon in Alexander dem Großen.

„Geh mir nur ein wenig aus der Sonne." Der Feldherr der Griechen war berührt von der selbstgenügsamen, auch wohl etwas spöttischen Reaktion des so einfach lebenden Mannes. Zu seinen Begleitern soll er gesagt haben: „Wahrhaftig, wenn ich nicht Alexander wäre, dann möchte ich wohl Diogenes sein!"

Ja, wenn.

Portolanos Bilder erzählen auch Geschichten von Wagemut und Entschlusskraft. Wer sind diese Menschen, die ihren Träumen ohne Wenn und Aber folgen? Aussteiger, Sinnsucher, Leistungsverweigerer, Glücksritter, Abenteurer, Freigeister, Freaks?

Brice Portolano sagt: „Es sind einfach unheimlich starke Charaktere." ‹

# Ein **Mann,** eine **Hütte,** ein **halbes Jahr**

Wie lebt es sich in einem Blockhaus, 120 Kilometer entfernt vom nächsten Dorf, bei Temperaturen von minus 30 Grad und mit Bären als Nachbarn? Der Schriftsteller **Sylvain Tesson** hat es ausprobiert – in Sibirien

**Protokoll:** Stefanie **Schill**, Harald **Willenbrock**

**Illustrationen:** Eleanor **Crow**

»Um in der Einsamkeit zu überleben, muss man Klima und Umgebung körperlich gewachsen sein«

## Der richtige Ort

Für jeden Menschen gibt es eine bestimmte Geografie, die zu ihm passt. Bei mir gehören Wald, Kälte und unendliche Weite dazu. Sobald ich das Knacken des Eises höre oder die Reflexionen des Lichts auf der Oberfläche des Sees sehe, habe ich das Gefühl, an einem Ort zu sein, an dem Himmel und Erde in einem permanenten Dialog stehen. So war das Ufer des Baikalsees der perfekte Ort für mich.

Dieses Gefühl ist wichtig, denn um in der Einsamkeit zu überleben, muss man Klima und Umgebung körperlich gewachsen sein. Handwerkliche Fähigkeiten können natürlich auch nicht schaden, wenn man seine Hütte instand halten und sich selbst versorgen will.

## Meine Gründe

Darum zog ich mich allein in eine Blockhütte zurück:

1. Ich war zu geschwätzig
2. Ich wollte Stille
3. Zu viel unbearbeitete Post
4. Zu viele Leute, die ich treffen musste
5. Ich beneidete Robinson
6. Meine Hütte war besser geheizt als meine Pariser Wohnung
7. Ich wollte nicht mehr einkaufen gehen
8. Ich wollte herumbrüllen und nackt leben können
9. Abscheu vor Telefonen und Motorenlärm

»Ich bemerkte erste Veränderungen meines Körpers. Die Arme schienen kräftiger, die Beine muskulöser zu sein«

## Hinkommen

Bekannte in Irkutsk hatten mir von der Hütte erzählt, einer ehemaligen geologischen Station, am Fuß von 2000 Meter hohen Bergen und mit Blick auf den Baikalsee gelegen. Das Wildhüterpärchen, das dort in aller Einsamkeit lebte, hatte wegen Krankheit in die Stadt zurückkehren müssen, und so wartete die Hütte quasi auf mich.

Zusammen mit einem Freund und einem Wildhüter packte ich in Irkutsk meine Ausrüstung – Werkzeug, Kajak, Angelzubehör, Schneeausrüstung, Lebensmittel, Wodka und meine Bücher – in einen Lastwagen und machte mich über den zugefrorenen Baikal auf den Weg. Als wir am Nördlichen Zedernkap ausstiegen und die herrliche einsame Landschaft betrachteten, drückte sich der Parkwächter zwei Finger an die Schläfen und bemerkte: „Ein großartiger Ort, sich umzubringen."

## Ankommen

Werde ich mich selbst ertragen? Kann ich mich mit 37 Jahren von Grund auf verwandeln? Warum fehlt mir nichts? Das waren die wichtigsten Fragen, die ich im Laufe der sechs Monate mit mir zu klären hatte. Mein Alltag in der Blockhütte hingegen kreiste um eher profane Tätigkeiten:

1. Beobachtung und tieferes Kennenlernen des Blickfelds (eingegrenzt durch den Rahmen des Fensters) sowie das Verzeichnen von allem, was sich dort abspielt.
2. Die Hütte in Ordnung halten.
3. Empfangen der seltenen Gäste, sie bewirten, ihnen Auskunft geben, und manchmal das Gegenteil, das Abwehren unwillkommener Besucher.

## Was wirklich wichtig ist

Obwohl mir nur eine kurze Vorbereitungszeit blieb, hatte ich in Paris Stunden damit vergeudet, mir eine technische Ausrüstung zusammenzustellen. Stattdessen hätte ich mich lieber an die Philosophie des legendären Taigajägers Dersu Uzala halten sollen: Im Wald kann man sich nur auf die Axt, den Ofen und den Dolch verlassen.

Ein Gewehr hatte ich nicht dabei. Ich wollte keine Lebewesen abknallen, in deren Heimat ich zu Gast war. Außerdem verbieten es die Vorschriften des Naturreservats. Die Wildhüter verstehen keinen Spaß, wenn sie auf Wilderer treffen, und es gibt nicht wenige Grabsteine in der Wildnis, die an solche Zusammenstöße erinnern.

»Der Waldeinsiedler hat zwei Lieben, die Zeit und den Raum. Erstere füllt er nach seinem Belieben, Letzteren kennt er wie niemand sonst«

## Anpassung

Nach ein paar Tagen bemerkte ich die ersten Veränderungen meines Körpers. Die Arme schienen kräftiger, die Beine muskulöser zu sein. Aber – typisch für Schlammtiere und Alkoholiker – mein Bauch erschlaffte, und die Haut wurde weißer. Auf sich allein gestellt, sinkt der Blutdruck, das Herz schlägt langsamer.

Auf engem Raum lernt man, sich langsam zu bewegen. Sogar der Geist erlahmt. Ohne Ansprache, ohne die Widersprüche und Sarkasmen von Gesprächspartnern wird der Einsiedler weniger witzig, weniger lebhaft, weniger scharf, weniger mondän, weniger schnell als sein Vetter in den Städten. Er gewinnt an Poesie, was er an Wendigkeit verliert.

## Alles zurücklassen

Ein Satellitentelefon hatte ich dabei, denn für Angehörige ist es beruhigend, wenn sie ab und an eine Nachricht erhalten. Auch für mich war es schön zu erfahren, dass das Kind meiner Schwester geboren wurde. Aber eigentlich würde ich auf Kommunikationsmittel eher verzichten. Ich fand es sehr bereichernd, mich nur auf das zu konzentrieren, was um mich herum war: das Rauschen des Windes, Schneeflocken auf meinem Gesicht oder die Flugformationen der Enten.

Einmal traf ich einen Wildhüter, der eine zwei Wochen alte Zeitung dabeihatte. Ich habe sie aufgeschlagen, die Grausamkeiten gesehen und sie gleich wieder zugeschlagen. Danach wäre ich am liebsten noch sechs Monate länger am See geblieben.

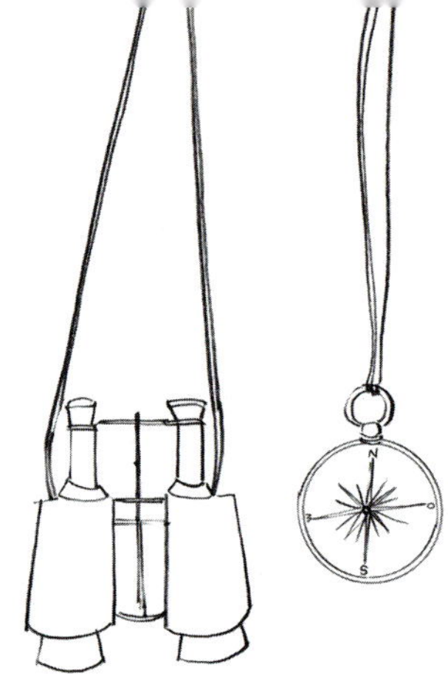

## Ideale Lektüre

Mit großer Sorgfalt hatte ich mir in Paris mit Blick auf einen sechsmonatigen Aufenthalt in den Wäldern Sibiriens eine ideale Lektüreliste zusammengestellt. Eine kleine Auswahl:

John Meade Haines: *„The Stars, the Snow, the Fire“*
Ernst Jünger: *„Annäherungen: Drogen und Rausch“*
Schopenhauer: *„Die Welt als Wille und Vorstellung“*
Walt Whitman: *„Grashalme“*
Pierre Drieu La Rochelle: *„Die Unzulänglichen“*
Daniel Defoe: *„Robinson Crusoe“*
James Ellroy: *„Blut auf dem Mond“*
Lukrez: *„Über die Natur der Dinge“*
Joseph Conrad: *„Taifun“*
Ernest Hemingway: *„Die Stories“*
Shakespeare: *„Ein Sommernachtstraum“*
Michael Connelly: *„Der Poet“*
James Hadley Chase: *„Eva“*
Dashiell Hammett: *„Rote Ernte“*
Laotse: *„Tao te king“*
Henry David Thoreau: *„Walden“*
Bret Easton Ellis: *„American Psycho“*

## Das einfache Leben

Der Luxus? Das sind diese 24 Stunden, die sich jeden Tag vor mir ausbreiten und allein auf meine Wünsche warten. Die Stunden stehen bereit, mir zu dienen. Wenn ich zwei Tage auf dem Bett liegen bleiben und einen Roman lesen will, wer wird mich daran hindern? Wenn mich am Abend die Lust überkommt, in den Wald zu gehen, wer sollte mich davon abbringen? Der Waldeinsiedler hat zwei Lieben, die Zeit und den Raum. Erstere füllt er nach seinem Belieben, Letzteren kennt er wie niemand sonst.

## Die Tagesordnung

Als Eremit braucht man eine gute psychische Verfassung. Man ist ja komplett allein, es gibt so gut wie keine Interaktion mit anderen Menschen. Ich hatte deshalb ein bisschen Sorge, zu verwahrlosen und mit Wodka und Zigarren vor mich hinzudämmern. Deshalb fand ich es wichtig, einen geregelten Tagesablauf zu haben, ganz ähnlich wie Robinson Crusoe. Morgens bin ich früh aufgestanden, habe geschrieben, gelesen, dann Holz gehackt oder gefischt. Nachmittags machte ich Ausflüge in die Umgebung oder ging Schlittschuhlaufen. Manchmal habe ich Nachbarn besucht, die etwa 20 Kilometer entfernt in einer anderen Hütte wohnten. Außerdem hatte ich mir eine große Bibliothek zusammengestellt, aus der ich für jeden Gemütszustand die passende Lektüre auswählen konnte.

## Das Glück

Das Glück, auf dem Teller vor sich den Fisch zu haben, den man selbst geangelt hat, in der Tasse das Wasser, das man geholt, im Ofen das Holz, das man gehackt hat: Der Einsiedler schöpft alles an der Quelle.

Ich erinnerte mich an meine Tage zu Hause in Paris. Abends ging ich meist hinunter, um einzukaufen. Ich lief zwischen den Regalen des Supermarkts umher. Mit einer freudlosen Bewegung nahm ich die Ware, warf sie in den Wagen: Wir sind Wildbeuter einer denaturierten Welt.

»Im Wald kann man sich nur auf die Axt, den Ofen und den Dolch verlassen«

»Das Leben in den Wäldern führt ganz von allein zur Verschlankung. Man löst sich von allem Überflüssigen, wirft Ballast ab«

## Der Abschied

Am 28. Juli, ein knappes halbes Jahr nach meiner Ankunft, saß ich auf der Holzbank vor meiner Hütte und wartete auf das Boot, das mich abholen würde. Worauf es ankommt, wenn man geht? Ich finde, der Rat Baden-Powells sollte zum Prinzip erhoben werden. „Man hinterlässt nur zwei Dinge an einem Lagerplatz. Erstens: nichts. Zweitens: seinen Dank."

## Lernen

Was ich beim nächsten Mal anders machen würde? Wenig, denn eigentlich habe ich viel von dem gefunden, was ich gesucht hatte. Vielleicht würde ich nicht mehr versuchen, Blinis zu backen. Es hat lange gebraucht, den Rauch der verkohlten Teile aus der Hütte zu vertreiben.

**Sylvain Tesson,**

geboren 1972 in Paris, ist zu Fuß von Sibirien nach Indien gewandert, mit dem Motorrad durch die mongolische Steppe und mit dem Fahrrad um die Welt gefahren. Und doch war seine Eremitage in einer sibirischen Hütte für ihn ein außergewöhnliches Abenteuer. Von dem erzählt er in »In den Wäldern Sibiriens«, einer unterhaltsamen Mischung aus Reisetagebuch und Einsiedler-Philosophie.

## Zurückkehren

Natürlich war es schwierig, alles, vor dem ich geflüchtet war, unverändert vorzufinden. Noch mehr Post beispielsweise. Ich versuche seither, meine Wohnung in Paris als das zu betrachten, was sie eigentlich ist: eine Art Hafen, in dem ich manchmal anlege, wo ich aber auch immer wieder auf dem Sprung bin. Ein Ort, an dem ich meine nächste Reise vorbereite. Ich habe außerdem mein Handy abgeschafft, was meinem Leben ein wenig Ruhe gibt. ‹

**TESSONS AUSRÜSTUNG FÜR SECHS MONATE IN DEN WÄLDERN**

Axt und Beil / Plane / Jutesack / Eispickel und Eiskescher / Schlittschuhe / Schneeschuhe / Kajak und Paddel / Angelruten, Schnur, Bleie, Fliegen und Blinker / Kochtopfset / Teekessel / Eisbohrer / Seil / Dolch und Schweizer Messer / Schleifstein / Öllampe / Kerosin / Kerzen / GPS-Navigationsgerät, Kompass, Karte / Solarmodule, Kabel und wiederaufladbare Batterien / Streichhölzer und Feuerzeuge / Alpinrucksack / Seesäcke / Filzteppich / Schlafsäcke (darunter einer bis minus 40 Grad) / Hochgebirgsausrüstung / Moskitonetz / Handschuhe / Apotheke (zehn Schachteln Paracetamol gegen die Nebenwirkungen des Wodkas) / Sägen, Hammer, Nägel, Schrauben, Feile / französische Fahne für den 14. Juli / Bärenabwehrraketen, Typ Handfackel / Signalpistole / Regenumhang / Grillrost / Zelt / Isomatte / Stirnlampe / Daunenjacke / Plastikschlitten / Steigeisen / Stiefel mit Gamaschen / Wodka und Schnapsglas / 90-prozentiger Alkohol für den Fall eines Wodka-Engpasses / persönliche Bibliothek / Zigarren, Zigarillos, Räucherpapier und Tupperware-Dose als Humidor / Ikonen (Heiliger Seraphim von Sarow, Heiliger Nikolaus, die letzte Romanow-Zarenfamilie) / Holzkisten / Fernglas / elektronische Geräte / Hefte und Stifte / Lebensmittel (Nudeln, Reis, Tabasco, Kommissbrot, Obstkonserven, Chili, Pfeffer, Salz, Kaffee, Honig und Tee für sechs Monate)

Tomaten, Zwiebeln, Kürbisse, Gurken – all das wächst im Freiland oder im Gewächshaus. Eine ständige Kontrolle ist wichtig – und Voraussetzung für eine erfolgreiche Ernte

**Auf einem Gehöft in der Eifel führt der Förster und Bestsellerautor Peter Wohlleben ein Leben als Teilzeit-Selbstversorger. Das kostet viel Zeit, und manchmal fallen Raupen über die Ernte her. Dafür aber ist die Belohnung enorm: reichlich frisches Gemüse sowie Obst in Bio-Qualität – und köstlicher Honig**

**Interview:** Rainer **Harf** und Claus Peter **Simon**

**Fotos:** Ramon **Haindl**

Die Schönheit der Natur wahrnehmen und ihr Potenzial nutzen: Beides gehört zum Alltag von Peter Wohlleben

# Gesundes aus der Natur

Krummer als die Standard-Salatgurke, aber auf den Geschmack kommt es an: Wohlleben testet die Ernte

GEO WISSEN: *Sie und Ihre Familie sind zu einem Gutteil Selbstversorger. Wie hat das begonnen?*

PETER WOHLLEBEN: Vor fast drei Jahrzehnten sind wir in ein altes Forsthaus gezogen, in Hümmel in der Eifel. Ich hatte als Förster die Stelle des Revierleiters übernommen. Das Gehöft besteht aus einem typischen Eifelhaus der 1930er Jahre, einem Nebengebäude mit Ställen sowie einem 5000 Quadratmeter großen Garten. Traditionell versorgten sich die Förster früher teilweise selbst mit Lebensmitteln. Das wollten auch wir so halten.

*War das der einzige Grund, die Tradition?*

Hinzu kam, dass eine Lebensmittelkrise die nächste jagte: BSE, Pestizide im Gemüse, Massentierhaltung. Uns verging mit jeder Nachricht immer mehr der Appetit auf industriell erzeugte Nahrung. Der Gemüsegarten wuchs deshalb im Laufe der Jahre auf 300 Quadratmeter. Zu den ersten zwei Apfelbäumen gesellten sich Kirschbäume, Pflaumenbäume und Beerensträucher. Den Hühnern folgten Kaninchen, Schafe und Ziegen. Inzwischen ernähren wir uns allerdings rein vegetarisch.

*Wie viel Zeit kostet all das?*

Enorm viel. Die Zeit ist das eigentliche Nadelöhr der Selbstversorgung. Wer sich hundertprozentig unabhängig machen möchte von Einkäufen, müsste täglich rund zehn Stunden ausschließlich für seine Ernährung arbeiten. Das heißt, der schöne Traum, ich ernähre mich zum Großteil aus dem eigenen Garten und führe ansonsten ein normales Leben in der Zivilisation weiter, bleibt tatsächlich ein Traum. Wenn man sich konsequent selbstversorgen will, muss man seinen Job kündigen.

*Wie viel Selbstversorgung schaffen Sie und Ihre Familie neben den anderen Tätigkeiten?*

Wir rechnen mit knapp zwei Stunden pro Person und Tag, sodass wir auf maximal 20 Prozent Eigenanteil an Lebensmitteln kommen. Das klingt wenig, aber wir haben dennoch täglich rund ums Jahr eigene Produkte auf dem Tisch. Im Sommer arbeiten wir natürlich mehr draußen, da fällt der Fernsehabend schon mal aus. Aber das zahlt sich im Winterhalbjahr in Form eingemachter Lebensmittel mehrfach wieder aus.

*Wirtschaften Sie streng biologisch?*

Gift gibt es bei uns nicht. Wir nutzen auch keinen mineralischen Dünger, sondern erhalten die Bodenfruchtbarkeit durch Mist und Kompost. Unser Saatgut beziehen wir aus Biobetrieben.

*Was lässt sich denn gut und ohne allzu großen Aufwand anbauen?*

Auf jeden Fall Kartoffeln, das Grundnahrungsmittel von Selbstversorgern. Pro Quadratmeter lassen sich zwei Kilogramm Ertrag erzielen, und durch den hohen Stärkeanteil ist der Nährwert hoch. Bei uns ist daher eines von vier Beeten für Kartoffeln reserviert – mit gut 60 Quadratmetern decken wir unseren kompletten Bedarf.

*Können Sie auch ein etwas ungewöhnlicheres Gemüse für den Eigenanbau empfehlen?*

Pastinaken finde ich faszinierend. Die großen Rüben erinnern vom Geruch her an Möhren, vom Laub dagegen an glatte, überdimensionale

# »Pastinaken sind faszinierend, sie **schmecken wie eine Mischung** aus Kartoffeln und Möhren«

Petersilie. Gekocht verwandelt sich das Gemüse geschmacklich in eine Mischung aus Kartoffeln und Möhren. Pastinaken enthalten allerdings Substanzen, die fototoxische Reaktionen hervorrufen. Wir wussten das im ersten Anbaujahr nicht und haben uns bei der Entfernung des Laubs von den Rüben unbeabsichtigt Saft auf die Arme geträufelt, was zu schmerzhaften „Verbrennungen" führte. Ein anderer Tipp sind Dicke Bohnen. Nicht jeder mag sie, aber sie sind sehr witterungsunabhängig, vertragen leichten Frost und einen verregneten Sommer. Außerdem liefern sie hohe Erträge, und das schon recht früh im Jahr, sodass sich danach noch anderes pflanzen lässt.

***Bauen Sie auch Getreide an?***

Das haben wir zwischendurch ausprobiert, wir wechselten dabei gern zwischen Weizen und Roggen, backten damit Brot. Weizen ist recht anspruchsvoll, während Roggen sowohl strenge Winter als auch feucht-kühle Sommer gut verträgt. Bei beiden Getreiden hat man aber das Problem, dass Vögel es ebenfalls lieben. Daher pflanzen wir heute lieber Mais, selbst wenn wir dafür aufgrund unserer Höhenlage in der Eifel das Glück eines besonders warmen Sommers brauchen. Aber Mais kann ausreifen, ohne dass Vögel ihn plündern.

***Die sprichwörtliche Spreu vom Weizen zu trennen und daraus Mehl zu machen ist aber recht aufwendig bei Getreide.***

Wir pflückten die Ähren ab und ließen sie in eine Schürzentasche oder einen Eimer fallen. Danach füllten wir sie in einen Kopfkissenbezug und legten den auf einen trockenen Untergrund, zum Beispiel die Terrasse. Dann braucht es nur noch einen Stock. Mit dem schlug ich zehn bis zwanzig Minuten wie wild auf den Bezug ein, wendete ihn jeweils nach einigen Schlägen und schüttelte den Inhalt ab und zu durch, damit alles gleichmäßig bearbeitet wird. Zum Trennen legte ich die Mischung an einem windigen Tag auf den umgedrehten Deckel einer Regentonne. Dann warf ich alles 20 bis 40 Zentimeter hoch in die Luft. Während die Spelzen wegwehen, fallen die Körner auf den Deckel zurück.

***Haben Sie auch Erfahrungen mit Kohl gemacht?***

Mit Kohlsorten hatten wir jahrelang Pech und wollten fast aufgeben. Schon die Sämlinge machten Sorgen. Beim Vorziehen auf der Fensterbank oder im Gewächshaus wurden sie nach wenigen Wochen von einer Pilzkrankheit befallen. Die Kohlsämlinge ziehen zudem Schnecken geradezu magisch an, sodass der morgendliche Gang ins Beet zum Absammeln obligatorisch ist. Und kaum bilden sich die ersten kleinen Köpfe, kommen zahlreiche Kohlweißlinge angeflattert und legen ihre Eier unter die Blätter. Wenig später fressen Hunderte Raupen so heftig am Kohl, dass die durchlöcherten Köpfe kaum noch Ertrag bringen. Erst seit wir Neemöl als Pflanzenschutz einsetzen, hält sich die Plage in Grenzen.

Rotkohlsamen können direkt ins Beet gesät oder vorgezogen werden, im Herbst wird das Gemüse geerntet

***Was findet sich denn in Ihrem Obstgarten?***

Erdbeeren zum Beispiel, unser Lieblingsobst. Die schmecken gut und sind sehr vielseitig. Um unseren Bedarf an frischen Früchten, Milchshakes, Marmelade und Eis zu decken, bewirtschaften wir 24 laufende Meter Erdbeerreihen. Davon können wir in der Erntesaison täglich zwei Kilogramm Früchte pflücken.

***Für die Deckung des Eigenbedarfs eignen sich sicher auch Äpfel sehr gut.***

Sie sind so etwas wie das „Urobst" für Selbstversorgung, vielseitig verwendbar als Lagerware, zum Trocknen, Einkochen oder sogar als Wein. Wichtig ist natürlich, wie die Äpfel schmecken. Was nützt die üppigste Ernte, wenn niemand zubeißen mag? Und die Haltbarkeit: Manche Sorten, wie der Klarapfel, müssen frisch verzehrt oder verarbeitet werden. Andere, wie der Winterrambur, können über die kalte Jahreszeit gelagert werden. Falls Sie die einzigen Apfelbäume in weitem Umkreis haben, müssen die Sorten allerdings für die Befruchtung aufeinander abgestimmt werden.

***Inwiefern?***

Nicht alle Sorten befruchten sich untereinander gleich gut, weil sie unterschiedliche Chromosomensätze haben, entweder triploid oder diploid. Triploide Sorten brauchen einen diploiden Baum, während diploide von ihnen nicht bestäubt werden können. Diploide untereinander sind dagegen meist problemlos. Geeignete Paare für den Garten sind beispielsweise Cox Orange und Berlepsch.

***Ein Kräutergarten ist für Selbstversorger vermutlich eine Selbstverständlichkeit?***

Ja, denn Kräuter aus dem eigenen Garten schmecken besonders gut. Das liegt vor allem daran, dass viele Geschmacks- und Geruchsstoffe flüchtig und daher in erntefrischer Ware besonders hoch konzentriert sind. Da Kräuter aber über Jahre am selben Standort stehen, würden sie im normalen Beet die Fruchtfolge stören. Deshalb ist es sinnvoll, ein eigenes kleines Areal dafür vorzusehen. Um auch im Winter zumindest Schnittlauch ernten zu können und im Frühjahr zeitig etwas für den Salat zu haben, reservieren wir immer einen Teil unseres kleinen Gewächshauses für Kräuter.

***Haben Sie sich auch schon mal an exotischen Pflanzen versucht?***

Wir haben zwei Sträucher Goji-Beeren angepflanzt. Die aus China stammende Pflanze gilt ja als Modefrucht. Die zwei Zentimeter großen, orangeroten Beeren erscheinen im Spätsommer, oft schon im ersten Jahr nach der Pflanzung. Und sie strotzen nur so vor Vitaminen und sollen sogar den Alterungsprozess verlangsamen. Her damit, sagten wir uns! Wir waren dann sehr gespannt auf den Geschmackstest. Statt lecker süß fanden wir sie allenfalls halbwegs okay. Richtig gestört hat uns der bittere Nachgeschmack, der auch nach vielen Minuten nicht weichen will. Das ist nichts, was wir regelmäßig essen möchten.

***Inzwischen halten sogar manche Städter Hühner auf dem Balkon. Bei Ihnen sind die Tiere sicherlich ein Muss?***

Hühner sind der klassische Einstieg in die Selbstversorgung mit tierischen Produkten. Allerdings schlug bei uns nach kurzer Zeit der Fuchs zu. Unser Gehege war einfach zu dilettantisch gebaut. Nachdem wir neue Hühner gekauft, den Boden besser befestigt hatten, kam der Habicht und hat die Hühner dezimiert. Nach diesen Erfahrungen haben wir jetzt einen perfekt gesicherten Auslauf.

***Auf was gilt es bei Hühnern sonst noch zu achten?***

Kaufen Sie nur reinrassige Tiere und keine Hybriden. Letztere sind auf Höchstleistung getrimmte Inzuchtlinien aus industriellen Großbetrieben. Das Ergebnis sind Hühner, die wortwörtlich bis zum Umfallen legen. Zudem sind sie sehr nervös und picken sich gegenseitig die Federn aus.

***Aber grundsätzlich gelten Hühner doch als problemlos.***

Das sind sie auch, sie benötigen nicht viel Platz und machen bei eher geringen Kosten verhältnismäßig wenig Arbeit. Neben Grassamen und Grünzeug futtern sie alles, was von unseren Tellern kommt. Wer es gern bequem hat, kann auch fertiges Hühnerfutter kaufen. Es enthält kleingestampfte Muschelschalen, also Kalk, der zur Bildung der Eierschalen wichtig ist. Bitte füttern Sie aber nicht die eigenen Eierschalen! Die werden von den Hühnern gern gefressen, doch es kann passieren, dass sie dann nicht nur die Reste fressen, sondern gleich die frisch gelegten Eier aufhacken und verspeisen.

***Bienen gelten ebenfalls als Trendtiere, gibt es die bei Ihnen auch?***

Vor wenigen Jahren bekamen wir zwei Bienenvölker, um die Bestäubung der Obstbäume zu sichern und Honig zu gewinnen. Die Imkerei ist ideal für Selbstversorger. Ein Bienenvolk bringt je nach Witterung und Standort etwa 25 Kilogramm Honig im Wert von etwa 250 Euro pro Jahr und verursacht nur zehn bis 15 Stunden Arbeit – das ist im Verhältnis zu Gemüse ein Top-Wert. Wenn Sie mit der Imkerei starten möchten, dann besorgen Sie sich am besten einen erfahrenen Imker aus der Nähe als Paten sowie zwei Völker.

***Auf was muss ich dabei achten?***

Auch bei Bienen gibt es Rassen. Sie werden auf bestimmte Eigenschaften hin gezüchtet, etwa Sanftmut oder Ertrag. Die zwei häufigsten Rassen sind Carnica, eine alte Landrasse aus Kärnten, und Buckfast. Erstere ist die „normale" Landbiene, während Buckfast besonders sanftmütig, dafür aber ein wenig empfindlicher sein soll. Nehmen Sie am besten die Rasse, die an Ihrem Standort verbreitet ist – in der Regel wird das Carnica sein.

***Längst nicht jeder hat einen so großen Garten wie Sie. Kann ein Schrebergarten auch einiges zur Selbstversorgung leisten?***

Auch dort lassen sich substanzielle Ernten erzeugen. Man sollte allerdings auf die Fruchtfolge achten, weil man die Kulturen jährlich wechseln muss, um den Boden nicht zu sehr auszulaugen. Man fängt beispielsweise mit Radieschen an, im Mai kommen Kartoffeln und danach Winterrüben oder Feldsalatsorten. So lässt sich auf einer Fläche bis zu drei Mal im Jahr ernten.

***Gibt es etwas, was in der ersten Euphorie oft schiefläuft?***

Anfangs hat man oft ein zu großes Sicherheitsbedürfnis. Man kauft etwa

»Auf einem Balkon lässt **sich Kürbis gut ziehen** – und die Pflanze sieht schön aus«

Neben Roggen und Weizen baut Wohlleben auch Mais an – der reift, ohne dass Vögel ihn plündern

ein Tütchen Zucchini-Samen, da sind acht Stück drin, die alle gepflanzt werden. Eigentlich reichen aber ein oder zwei Pflanzen für den Eigenbedarf. Plötzlich hat man eine Riesenmenge Zucchini. Man verarbeitet dann die größten zuerst, die schon ein wenig holzig sind. Die kleinen, schmackhaften lässt man noch dran, aber eine Woche später sind die auch groß und holzig. Die will auch geschenkt niemand so richtig.

Und was oft vergessen wird: Die Haupterntezeit liegt in der Ferienzeit. Früchte wie Erdbeeren, Johannisbeeren, aber auch Salat müssen auf den Punkt geerntet werden. Bei Zwiebeln, Kartoffeln oder Pastinaken ist der Zeitpunkt nicht so wichtig, die lassen sich auch im Herbst ernten.

*Wer gar nichts selber anbauen kann, entdeckt der im Wald viel Essbares?*

Es lässt sich kaum kontinuierlich etwas finden. Pilze etwa werden für die Ernährung überschätzt, sie lassen sich hauptsächlich saisonal sammeln, und die Kalorien kommen vor allem vom Fett in der Pfanne. Nüsse und Beeren gibt es natürlich auch im Wald, aber von ihnen kann man nicht allzu viel essen. Das habe ich bei meinem Survival-Kurs festgestellt: Wer sich dabei mit Brombeeren oder Himbeeren vollgestopft hat, musste sich aufgrund der vielen Säure oft recht flott übergeben. Und bei den Haselnüssen kommen uns meist die Eichhörnchen zuvor.

*Gibt es überhaupt genügend Kalorien, die sich im Wald finden ließen?*

Schwerlich. Im Herbst können Sie Eicheln sammeln und aufkochen oder auch Bucheckern. Im Frühjahr ist Baumkambium eine interessante Sache: Wenn nach einem Sturm ein Baum umgefallen ist und man die Rinde ablöst, dann lässt sich mit einem Messer die hauchdünne, etwa einen halben Millimeter lange Wachstumsschicht ablösen, das Kambium. Das schmeckt ähnlich wie Mohrrüben. Besonders gut lässt sich das bei Fichten gewinnen.

*Das ist womöglich nicht jedermanns Sache. Aber viele Städter haben einen Balkon, was empfehlen Sie dafür?*

Mengenmäßig stößt man da natürlich an Grenzen, aber es kann viel Freude machen. Erdbeeren und Tomaten gehen immer, aber etwas außergewöhnlicher sind Kürbisse und Melonen. Insbesondere Kürbisgewächse ranken und blühen sehr schön, außerdem sind sie sehr ertragreich. Beides lässt sich kostengünstig in Maurerkübeln heranziehen, die sind groß, preiswert und bruchfest. Selbst Mais funktioniert auf dem Balkon, er ist allerdings ein Windbestäuber, man braucht also mehrere Pflanzen. Aber Mais ist sehr dekorativ auf dem Balkon – die Nachbarn werden staunen. ‹

Zum Weiterlesen:

*Miriam und Peter Wohlleben,*
**Wohllebens Anleitung für Selbstversorger,** *Eugen Ulmer 2018, 272 Seiten, 29,90 Euro*

Wir Tagträumer: Etwa die Hälfte unserer wachen Zeit sind wir in Gedanken irgendwo anders, nur nicht bei der Sache. Das ist auch gut so

# Die *Kunst des* Loslassens

Konzentration? Wird überschätzt! Wer sich hingegen regelmäßig **zerstreut und tagträumt,** schafft die Voraussetzung für **Kreativität und ein gelungenes Leben.** So das neue Bild, das die Forschung von einem oft geschmähten Geisteszustand zeichnet

**Text:** Fred **Langer**

**Illustrationen:** Katharina Noemi **Metschl**

N

Na, heute mal wieder nichts Zählbares zustande gebracht?

Gut so!

In der Sonne gesessen und zerstreut in den Tag hineingelebt?

Perfekt!

Gedankenverloren die Zeit verträumt?

Genial!

Nein, das ist nicht zynisch gemeint. Es ist einfach so: Konzentration wird überschätzt. Und Zerstreutheit: kann ein faszinierender, vielschichtiger, hoch produktiver Bewusstseinszustand sein.

Wir sind Naturtalente der Zerstreutheit – schweifen wir also ab. Lassen wir die Gedanken ziehen; in eine ferne, eine sehr weit zurückliegende Zeit …

Da sitzt er, der Frühmensch, und schnitzt an seiner Knochenflöte. Die aber nie fertig wird. Weil er zu konzentriert ist. Weil die Arbeit an dem Instrument all seine Aufmerksamkeit beansprucht – und er nicht wahrnimmt, dass sich Unheil anschleicht.

Sein Dasein wird sogleich beendet sein. Denn auf etwas voll und ganz fokussiert sein, das bedeutet ja immer zugleich: vieles andere, auch Wichtiges, übersehen. Wer aber seine Aufmerksamkeit streute, alles gleichzeitig im Blick hatte, der war vielleicht kein Künstler – aber ein Überlebenskünstler.

Wir sind Meister darin, unsere Aufmerksamkeit zu verteilen. Dank dieser Fertigkeit gelang das Überleben. Und so konnte dann, später, auch noch die Kunst hinzukommen. Der wandelnde, der fantasiebegabte Geist führte uns heraus aus dem Urzustand, hinein in den Garten Eden der Zivilisation.

In dem aber bald kein Platz mehr sein sollte für Tagträumereien und Zerstreutheit.

Im 18. Jahrhundert erscheint Unaufmerksamkeit geradezu als Bedrohung der gesellschaftlichen Ordnung. Zerstreutheit verhindere als unzulässige Abschweifung der Gedanken die Sammlung der Seele, sei Faulheit des Geistes, Feind der Erkenntnis. In Briefen, Büchern, Schriften jener Jahre wird eindringlich vor Trägheit, Untugend, Laster gewarnt, den gemeingefährlichen Komplizen der Zerstreuung.

Tagträumen ist frivol. Denn der Gedankenverlorene verplempert Zeit, die er doch in Zählbares investieren sollte. Leuchtend hell hingegen erstrahlt im Zeitalter der Aufklärung die Aufmerksamkeit: Ein selbstbewusstes Bürgertum strebt konzentriert nach Bildung, Wissen, Tugendhaftigkeit – auch, um sich abzusetzen vom dekadenten Adel und der undisziplinierten Unterschicht.

Konzentriert versus verträumt: zwei Bewusstseinszustände, die auch wir noch immer verstehen wie tauglich – untauglich, wie produktiv – unproduktiv. Ein Schwarz-Weiß-Bild, das sich eingeprägt hat in unsere kulturelle DNS – und eigentlich ein Trugbild ist.

Denn mit widerstreitenden Gegensätzen haben wir es hier keineswegs zu tun. Eher mit zwei mentalen Betriebsarten, die zwar einerseits miteinander um neuronale Ressourcen konkurrieren, sich andererseits aber in produktivem Wechselspiel gegenseitig bereichern.

Hier das aufgabenbezogene Denken, die zielgerichtete Aufmerksamkeit: zuständig für Detailfragen und für die gedankliche Auseinandersetzung mit Problemen, deren Lösung wir schon kennen.

Und dort der Zustand des schweifenden Geistes: Die Aufmerksamkeit richtet sich nach innen, die Gedanken treiben davon, abgekoppelt von ihren Primäraufgaben. Denn auch wenn wir „abschalten", uns zerstreuen – der Geist schläft nicht, selbst in diesem Zustand zeigt das Gehirn ein stabiles Aktivitätsmuster. Nur agiert es auf einer anderen Ebene: Wenn wir nicht „bei der Sache sind", wenn der Geist also auf Wanderschaft geht, ist unser „default mode network" aktiv; Hirnregionen, die auf Deutsch als „Bewusstseinsnetzwerk" oder „Ruhemodusnetzwerk" bezeichnet werden – unser Tagtraum-Modus.

Die Konzentration ist umfangreich erforscht, spätestens seit dem Zweiten Weltkrieg, man brauchte sie für militärische Aufgaben. Anders die Zerstreutheit; sie wurde von der Wissenschaft lange missachtet, ein Aschenputtel. In den vergangenen Jahren erst haben die Forscher sich intensiv Gedanken darüber gemacht, was das Gehirn eigentlich tut, wenn sein Besitzer nichts tut.

Wer sich von der realen Umgebung und den Anforderungen des Alltags abkoppelt, beflügelt kreative Gedankengänge. Und bricht auf zu neuen Horizonten

Der britische Psychologe Jonathan Smallwood gilt als Pionier im Reich der Tagträume. Er erkundete dieses Terrain zunächst fast im Alleingang – und fand ein Land der Verheißung. Smallwood hat in Kanada, Kalifornien, auch am Max-Planck-Institut für Kognitions- und Neurowissenschaften in Leipzig geforscht und gemeinsam mit Jonathan W. Schooler die bahnbrechende Studie „The Restless Mind" veröffentlicht, der rastlose Geist.

„Wir alle kennen das", so Smallwood. „Die Gedanken driften ab, lösen sich von ihrer Aufgabe, treiben davon in eine innere Welt voller Fantasien, Gefühle, Träumereien." Nur: Was finden sie dort? Schäume? Schätze? Dass die Psychologie sich so gut wie gar nicht mit dieser Frage beschäftigt hatte, überraschte Smallwood, als er mit seinen Forschungen begann. Denn schließlich ist Tagträumerei eines der alltäglichsten kognitiven Phänomene:

**Aufgaben *vor sich* herzuschieben *schafft eben* mehr Zeit *für anderes***

Weit- und Weltsicht: Auch wenn wir abschalten, bleibt unser Geist aktiv. Nur agiert er dann auf einer anderen Ebene

to do-Liste:

Knapp die Hälfte unserer Zeit sind wir in Gedanken irgendwo anders – nur nicht bei der Sache.

Warum aber suchen unsere Gedanken so oft das Weite? Zweierlei, so scheint es, verleiht dem Geist Flügel: einerseits Überforderung. Und andererseits Unterforderung. In letzterem Fall lastet unser immerfort tüchtiges Hirn brachliegende Ressourcen aus. Es nutzt freie Kapazitäten, um Themen der Zukunft zu bearbeiten, das kann die Einkaufsliste sein. Oder der Umzug auf einen anderen Kontinent.

Routinetätigkeiten, über die wir nicht mehr groß nachdenken müssen, oder schiere Langeweile aktivieren den Tagtraum-Modus. Unsere Gedanken gehen auf Wanderschaft, wenn sie nichts Spannendes im Hier und Jetzt hält.

Und Überforderung? Die Kapazität unserer Konzentration ist begrenzt, Aufmerksamkeit braucht Entspannung. Auch bei Ermüdung wendet sich der Geist von der gerade anstehenden Aufgabe ab, der Tagtraum-Modus gönnt den Schaltkreisen für intensive Konzentration eine Pause.

Was wir zerstreut nennen, ist oft also nichts anderes als notwendige Entspannung. Und ein Beleg für die These, dass die beiden Bewusstseinszustände keine Gegensätze sind, sondern sich ergänzen, ineinander verschränkt sind wie Yin und Yang.

Zerstreute Zwischenfrage: Haben Sie auch irgendwo eine Kramschublade, in die sie alles Mögliche versenken? Betrachten Sie diesen Mikrokosmos des Chaos doch einmal als einen Ausdruck konzentrierter Zerstreutheit.

Der kalifornische Kognitionsforscher, Musiker und Autor Daniel Levitin sieht es so: „Wir sind in Eile, wir haben irgendeinen Gegenstand in der Hand, wollen aber nicht innehalten und konzentriert darüber nachdenken, wohin jetzt damit. Also ab in die Kramschublade. Ein Geniestreich kognitiver Ökonomie – Sie verschwenden keine wertvollen mentalen Ressourcen auf Dinge, die es nicht wert sind."

Dass Zerstreutheit obendrein auch noch die mentale Leistungsfähigkeit steigern kann, belegen gleich mehrere Studien. Der Effekt lässt sich mit relativ simplen Versuchsanordnungen gut nachweisen: So sollen zwei Gruppen von Probanden originelle Antworten auf kreative Fragestellungen finden. Eine wertet die Ideen sofort aus, die andere darf sich ablenken – und macht sich erst dann an die Aufbereitung. Ergebnis: Der Output ist deutlich höher, wenn die Teilnehmer sich zerstreuen durften; konzentriert durcharbeiten ist weniger produktiv.

Tagträume sind Inkubatoren unserer Ideen. Das Bewusstseinsnetzwerk assoziiert und kombiniert, spielerisch, zwanglos, anarchisch; es schöpft aus den Quellen der Fantasie, formt neue Ansichten, verknüpft nie zuvor zusammen gedachte Aspekte. So entsteht eine Plattform für kreative Durchbrüche, im besten Fall: für Geistesblitze, für Geniestreiche.

Diesem Zustand wohnt ein produktives Paradox inne: Er kann sich ohne unseren Willen aktivieren. Und ist doch eingebunden in einen Prozess der Selbstwahrnehmung, lässt sich lenken.

Wir selbst bestimmen die Trauminhalte. Gewiss, es gibt einschneidende Ereignisse, die unser Leben so sehr bestimmen, dass wir „an nichts anderes mehr denken können", im Guten wie im Schlechten. Aber im Prinzip sind wir selbst die Programmdirektoren unserer Tagträume.

Und unsere innere Stimme moderiert dieses Programm. Wenn der wandelnde Geist auf etwas Interessantes stößt, können wir jederzeit umschalten auf Konzentration, das Ergebnis festhalten, gedanklich bearbeiten.

Da ist es wieder, dieses elegante Doppelpassspiel zwischen Zerstreutheit und Konzentration.

Es scheint auch in jener Hirnaktivität auf, die wir gemeinhin als „Multitasking" bezeichnen. Multitasking, darüber besteht weithin Konsens in der Wissenschaft, ist eigentlich eine Fiktion. Es gibt keine parallelen Aufmerksamkeiten, wir können unsere Konzentration nicht auf mehrere Dinge gleichzeitig richten. Wir können ledig-

**Tagträume *sind wahre* Inkubatoren *unserer Ideen:* So entstehen *Geistesblitze***

Könnten durch Smartphones neue Strukturen vernetzten Denkens entstehen, gekennzeichnet durch einen häufigen Wechsel der Aufmerksamkeit?

lich zwischen Aufmerksamkeitsobjekten hin- und herschalten (was allerdings eine sehr verschwenderische Hirnaktivität ist, eine, die viel Energie kostet).

Multitasking also bedeutet nichts anderes als: verteilte Aufmerksamkeit.

Henri Poincaré, Jahrgang 1854, war Mathematiker, Physiker, Philosoph und ohne Zweifel ein Genie – dem es doch oft so ging wie uns, die wir überwiegend keine sind: Auch er kam einfach mal nicht weiter – festgefräst das Superhirn. „Über meinen Misserfolg verstimmt, fuhr ich für ein paar Tage an die See, um auf andere Gedanken zu kommen", so seufzte er, wohl gramgebeugt.

Und siehe da: Eines Morgens, beim Klippenspaziergang, überfiel ihn die Erleuchtung – in „Kürze, Plötzlichkeit und unmittelbarer Gewissheit", wie Poincaré verblüfft feststellte. Und wieder war die Zahlentheorie um ein paar extrem schwer verständliche Formeln reicher – gefallen aus heiterem Himmel.

Und doch nur scheinbar. Denn: „Das Sichabkoppeln aus der realen Umgebung beflügelt kreative Gedankengänge", so Jonathan Smallwood.

Immer Urlaub einreichen, wenn es gerade mal nicht weitergeht am Schreibtisch? Schwierig.

Aber das Prinzip funktioniert auch eine Nummer kleiner. Wissenschaftler der Stanford-Universität wiesen nach, dass sich unsere kognitive Leistung schon durch Spaziergänge deutlich verbessern lässt. Besonders gut funktioniert das in natürlicher Umgebung; die nämlich wecke eine „sanfte Faszination", wirke anregend auf Geist und Gemüt.

Der Königsweg produktiver Zerstreuung führt offenbar in die Natur, und zwar mit körperlichem Einsatz.

Kennen Sie das? Joggen, durch Wiesen, Felder, am Fluss entlang; oder mit dem Fahrrad durchs Grüne, dahingleitend im steten Zustand „sanfter Faszination": Unser Geist schweift, und die frei schwebenden Gedanken tragen Ergebnisse herbei; manche unsinnig, andere vielversprechend.

Konzentration ist kanalisierte Aufmerksamkeit, Tagträumen hingegen ein mäandernder Fluss, der die Gedanken ungehindert strömen lässt.

Eine Studiengruppe der Universität Colorado ging der Frage nach, ob nicht der Arbeitsplatz selbst durch „rezeptive Zerstreuung" produktiver und gesünder zu gestalten wäre. Auch sie kam zu dem Ergebnis: „Interaktion mit der Natur befeuert den kreativen Prozess und reduziert Stress." In Zusammenarbeit von Psychologen und Architekten entstanden Konzepte für mehr Natur vor dem Büro, für Grünräume im Gebäude. Ein positiver Effekt auf das Arbeitsklima stellte sich bereits ein, wenn die Angestellten nur auf „bewegte Abbilder von Natur" blicken konnten.

H

Henri Poincarés Aussicht von der Klippe, als filmische Fototapete an die Bürowand projiziert? Lassen sich geniale Gedanken locken? Eine schlüssige Theorie der grünen Zerstreutheit steht zwar noch aus. Am Arbeitsplatz Raum für Zerstreuung zu schaffen und so die Produktivität zu steigern, das allerdings ist keine ganz neue Idee.

Das Labor für Molekularbiologie im englischen Cambridge verzeichnete in 60 Jahren zwölf Nobelpreisverleihungen an insgesamt 16 seiner Forscher. Der Grund für diesen Ehrfurcht einflößenden Erfolg liegt auch darin, dass seine Direktoren eine „etwas anarchische Atmosphäre" kultivierten, wie staatliche Prüfer schmallippig feststellten. Heißt: völlige Freiheit bei der Arbeit, viel Raum für zwischenmenschliche Kommunikation; die Cafeteria im Dachgeschoss, in der jeder mit jedem quatscht, ist ebenso wichtig wie die Labore, in denen konzentriert geforscht wird. Spitzenergebnisse, getragen von der Fähigkeit zu träumen: Die Figur des zerstreuten Professors erscheint vor diesem Hintergrund keineswegs mehr als Karikatur.

Die Zerstreuten sind aber nicht nur die Kreativeren, sie sind auch potenziell gesünder und wohlhabender als die ständig Fokussierten; so lautet, etwas zugespitzt, eine weitere These Jonathan

Über den Tellerrand: Produktive Zerstreutheit gedeiht durch den Aufenthalt in freier Natur – weil die uns in einen Zustand »sanfter Faszination« versetzt

Smallwoods. Er begründet sie mit zwei Techniken, die Tagträumern in besonderem Maße gegeben seien.

Zum einen die des „Belohnungsaufschubs“; die Fähigkeit also, nicht ungeduldig auf sofortige Ergebnisse zu drängen, sondern vorausschauend und auch um die Ecke zu denken, Ziele zu markieren, Strategien, die dorthin führen, in Ruhe auszutüfteln.

Zum anderen die Fähigkeit, sich zu entkoppeln. Tagträumer halten länger durch, bei monotonen Tätigkeiten, bei Ausdauersport oder in Fragen der Ernährungsdisziplin, weil sie sich gedanklich ausklinken, wenn Konzentration und Willenskraft nachlassen – und erfrischt wieder in den Ring steigen.

Wir sind im Tagtraum-Modus ganz bei uns, bei unseren Wünschen und Werten; das fördert Selbstbeobachtung, Selbstkontrolle. Sparen, sich nicht überfressen, Maßhalten, Disziplin: Tagträumer sind, über die lange Distanz, ausdauernder, konzentrierter, erfolgreicher als die immerzu nur Konzentrierten. Denen geht schnell die mentale Puste aus. Wir brauchen sie, unsere Zerstreutheit, als kleine Tagträumerei zwischendurch und auch als ganz großes Kino, Letzteres sehr wohl im Wortsinne.

Denn da ist ja noch diese andere Form der Zerstreutheit, die mediale Zerstreuung; herbeigeführt etwa mit Träumen, die in Traumfabriken gefertigt werden. Es ist dies eine noch relativ junge Kulturtechnik. Siegfried Kracauer, brillanter Journalist, Soziologe, Philosoph der Weimarer Republik, sah in den neu entstandenen Großkinos, den Lichtspielhäusern der 1920er Jahre, „Paläste der Zerstreuung“.

Schon 1909 hatte am Berliner Halensee der Lunapark eröffnet, ein permanenter Jahrmarkt nach dem Vorbild des New Yorker Coney Island, mit Feuerwerk, Hippodrom, Revue. Für Kracauer waren solche Orte urbanen Vergnügens Stätten der Ablenkung, Ausgleich zu den Anforderungen des modernen Arbeitslebens. In seinem Essay „Kult der Zerstreuung“ schreibt er: „Man schilt die Berliner zerstreuungssüchtig; der Vorwurf ist kleinbürgerlich. Gewiss ist die Zerstreuungssucht hier größer als in der Provinz, aber größer und fühlbarer ist auch die Anspannung der arbeitenden Massen.“

Für Kracauer war Zerstreuung nicht Krankheit, sondern Medizin – eine Sicht der Dinge, mit der er allerdings recht einsam dastand. Den meisten seiner Zeitgenossen galt Zerstreuung als Symptom einer zunehmend zerfahrenen, hastigen, oberflächlichen Zeit, sie erschien ihnen als Bedrohung traditioneller Werte. Kracauer jedoch sah, durchaus fasziniert, eine neue Kultur der Zerstreuung wachsen.

Wie wohl hätte er über unsere Zeit geurteilt, in der (wieder) die Klage geht von der zwanghaften, der krankhaften Zerstreutheit, von grassierender Unaufmerksamkeit, hervorgerufen durch Reizüberflutung? In der die Menschen ihre Konzentration dauerhaft verlören im fortwährenden Twittern, Mailen, Posten, Sharen, Updaten, Downloaden, Liken, Streamen? Der Philosoph Christoph Türcke wähnt „Eltern und Lehrer gelegentlich am Rand der Verzweiflung“, und „die menschliche Aufmerksamkeitsgemeinschaft“ gerät immer mehr unter „audiovisuelles Störfeuer“.

Es ist ein Klagelied aus uralten Zeiten. Die „Sächsische Schulzeitung“ erklärte schon vor 150 Jahren die „Zerstreutheit zum vorherrschenden Gebrechen der Zeit“. Schuld sei der „Sinnentaumel“ einer zunehmend modernen Welt. Die Pädagogen des 19. Jahrhunderts arbeiteten sich ab an der unter Kindern und Jugendlichen angeblich grassierenden Unkonzentriertheit.

**Der wandelnde *Geist ist ein* befreiter Geist, *er kann jederzeit* umschalten auf *Konzentration***

Wer die alten Quellen studiert, dem drängt sich der Verdacht auf: Gefährliche Zerstreutheit, hervorgerufen durch Reizüberflutung, ist die dominierende Krankheit zu jeder Zeit. Oder zu keiner. Wahrscheinlich existiert sie vor allem in der Vorstellungswelt besorgter Eltern und Lehrer – und in der Fantasie geschäftstüchtiger Ratgeberautoren.

Schon in der Antike mahnte Sokrates angesichts des offenbar gefährlich um sich greifenden Lesens: Wenn sich die Menschen an geschriebenen Text gewöhnten, würde ihre Merkfähigkeit zerstört. Klingt nach Manfred Spitzer, der knapp 2500 Jahre später in seinem Bestseller „Digitale Demenz“ zu dem gleichen Ergebnis kommt: Wenn wir unsere Hirnarbeit auslagern, lässt das Gedächtnis nach.

Das Aufschreiben jedenfalls, so viel lässt sich sagen, erwies sich als kluge Kulturtechnik, die den Geist entlastet. Ob Tagebuch oder To-do-Liste, wir schichten um in ein externes Speichermedium. Und so ist es wohl erst recht mit den elektronischen Medien: Digital gestütztes Lernen und Erinnern machen mentale Kapazitäten frei für neue Aufgaben.

Völlig losgelöst: Tagträumerei galt lange als Disziplinlosigkeit. Heute wissen wir, dass sich in ihr wahre Geisteskraft entfesselt

D

Der zerstreute Geist ist ein befreiter Geist. Professoren mögen klagen, dass die Studenten ihnen in der Vorlesung nicht mehr folgten wie früher, sondern immerfort auf kleine Monitore starrten. Doch ist das ein Zeichen mangelnder Konzentration? Oder klugen Zeitmanagements?

Vorlesungen, von wenigen Ausnahmen abgesehen, sind eine denkbar ineffiziente Art der Wissensvermittlung. Wieso soll das Smartphone nicht auch als Waffe gegen den Zeitdiebstahl dienen? „Zerstreuung wird immer noch gern mit der Abwesenheit von Aufmerksamkeit gleichgesetzt, anstatt in ihr eine moderne Aufmerksamkeitstechnik zu sehen“, so die Kulturwissenschaftlerin Petra Löffler in ihrer „Mediengeschichte der Zerstreuung“. Datenbanken, Suchmaschinen, soziale Medien ließen Strukturen vernetzten Denkens entstehen, die gekennzeichnet seien durch einen häufigen Wechsel der Aufmerksamkeit.

„Unser soziales Kapital und unser Aufmerksamkeitsbereich wachsen, wenn wir die Zahl der sozialen Verknüpfungen steigern, durch die wir Informationen erhalten“, so der US-Psychologe Daniel Goleman. Smartphone, Tablet und Co. führen uns nicht in „digitale Demenz“, sie stehen für die Nutzung kollektiver Intelligenz, für die Konzentration des Schwarms.

Wir sind Meister darin, unsere Aufmerksamkeit zu verteilen. Für den Frühmenschen, wir sahen es eingangs, war dies eine Frage des nackten Überlebens. Und nachdem das Überleben gelungen war, öffneten sich zunehmend auch Räume für Träume.

Wohl keine andere Spezies kann den Übergang von der nach außen gerichteten Konzentration zur nach innen gerichteten Reflexion mit der Leichtigkeit des menschlichen Geistes vollziehen. Die Fähigkeit zum Nachdenken über Dinge, die sich nicht im Hier und Jetzt abspielen, das gedankliche Simulieren von Alternativen – es ist die Voraussetzung für alle Errungenschaften unserer Spezies, die mit Planung, mit sozialer Kompetenz, mit Kultur zu tun haben.

So viel zum Gestern. Und die Zukunft? Eröffnet uns womöglich völlig neue Formen der Zerstreuung. Thomas Metzinger, Neuroethiker in Mainz und einer der profiliertesten Philosophen des Geistes, entwirft das Bild einer kommenden „Bewusstseinskultur“, die in ungeahnte Dimensionen vorstoßen wird. Einer, in der das „Zusammenspiel von Technologien der virtuellen Realität, neuen psychoaktiven Substanzen, uralten psychologischen Techniken wie der Meditation mit der Neurotechnologie der Zukunft uns die Tür zu einem Universum der Selbsterfahrung öffnet“.

Bleiben wir im Hier und Jetzt. Daniel Levitin, der mit der Kramschublade, formuliert ein paar einfache Voraussetzungen, damit wir die großen Probleme der Welt erfolgreich angehen können: regelmäßig Ferien machen (ohne Arbeit); sich Zeit nehmen für ein gelegentliches Nickerchen, einen Spaziergang, Nichtstun; für innere Einkehr, Versenkung – für Tagträumerei.

Zerstreuen wir uns also und lassen wir den Geist ziehen. Es ist sehr wahrscheinlich, dass er auf etwas Kostbares stößt. ‹

Anleitung

## Zerstreut sein – so gelingt es!

Im Tagtraum liegt die wahre Kraft. Wie sie sich nutzen lässt? Beispielsweise so:

**1. Lenken Sie sich ab**
Unsere Fähigkeit zur Konzentration ist begrenzt. Oft gilt: Wer weniger arbeitet, ist produktiver. Schalten Sie öfter ab, gönnen Sie sich Auszeiten für Tagträume. Und: Nur wer die Freizeit wirklich genießt, macht das Beste aus seinen mentalen Fähigkeiten.

**2. Kommen Sie in Bewegung …**
Der Bürostuhl gilt als Feind jeder Kreativität. Wenn wir aber spazieren gehen (joggen oder radeln helfen auch), macht sich unser Geist ebenfalls auf, und es öffnen sich neue Horizonte. Am besten, so Forscher, gelingt kreative Zerstreuung in der Natur. Doch auch gedankenverlorenes Flanieren in der Stadt wirkt inspirierend.

**3. … oder tun Sie das Gegenteil**
Bei Kreativitätstests schnitten jene Probanden besser ab, die sich zwischen den Aufgaben in einen Ruheraum zum Dösen zurückziehen konnten. Schon ein Nickerchen von zehn Minuten beflügelt den Geist. Ein Nachmittag in der Hängematte erst recht.

**4. Daddeln Sie am Computer**
Computer und Konsolen können wertvolle Zerstreuungsmaschinen sein, das legen wissenschaftliche Studien nahe. So trainieren digitale Spiele die Koordinationsfähigkeit und die Sensomotorik, sie fördern die kognitive Verarbeitung.

Kinder lernen auf diese Weise, in gesetzten Grenzen, mit komplexen Systemen zu experimentieren, und sie entwickeln ein Gespür für die Algorithmen, die das Spiel bestimmen.

**5. Schieben Sie auf**
Morgen ist auch noch ein Tag! Sogenannte Prokrastinierer erledigen vieles, was die stets und gleich auf ihre Aufgabe Konzentrierten liegen lassen. Um den eigentlichen Job dann im Schlussspurt effizient zu erledigen.

Es ist allerdings wichtig, nicht über die Aufschieberitis mit sich selbst ins Hadern zu geraten – das zumindest haben kanadische Studien gezeigt. Wenn es dennoch ganz schlimm kommt, gibt es hier Hilfe: uni-muenster.de/Prokrastinationsambulanz. *Fred Langer*

**GRUNER + JAHR GMBH, AM BAUMWALL 11, 20459 HAMBURG**

**POSTANSCHRIFT DER REDAKTION:**
**BRIEFFACH 24, 20444 HAMBURG.**
**TELEFON: 040/37 03-0**
**E-MAIL: BRIEFE@GEO-WISSEN.DE**
**INTERNET: WWW.GEO-WISSEN.DE**

**CHEFREDAKTEURE:** Jens Schröder, Markus Wolff
**REDAKTIONSLEITUNG:** Meike Kirsch (Reise), Christiane Löll, Jürgen Schaefer (Wissen), Katharina Schmitz (Natur und Nachhaltigkeit), Joachim Telgenbüscher (Geschichte)
**VISUAL DIRECTOR:** Andreas Pufal
**LEITUNG INNOLAB:** Margitta Schulze Lohoff
**STELLV. VISUAL DIRECTOR (FOTOGRAFIE):** Lars Lindemann
**MANAGING DESIGNER:** Arne Kluge (P. M.), Torsten Laaker (GEO WISSEN, GEO kompakt), Tatjana Lorenz (GEO*EPOCHE*), Eva Mitschke (GEO Saison), Daniel Müller-Grote (GEO)
**TEXTLEITUNG:** Stephan Draf, Birte Lindlahr, Katharina Priebe
**GESCHÄFTSFÜHRENDE REDAKTEURE:** Maike Köhler, Bernd Moeller
**LTG. DIGITALE MAGAZINE/SONDERPRODUKTE:** Rainer Droste
**TEXTREDAKTION:** Jörn Auf dem Kampe, Klaus Bachmann, Jens-Rainer Berg, Insa Bethke, Tilman Botzenhardt, Dr. Anja Fries, Marlene Göring, Gesa Gottschalk, Rainer Harf, Lara Hartung, Gunnar Herbst, Maria Kirady, Diana Laarz, Fred Langer, Barbara Lich, Sara Mously, Dr. Vivian Pasquet, Ines Possemeyer, Samuel Rieth, Nora Saager, Martin Scheufens, Katja Senjor, Iona Marie Schlußmeier, Claus Peter Simon, Johannes Teschner, Bertram Weiß, Sebastian Witte, Katja Trippel (GEO-TV)
**ABENTEUER & EXPEDITIONEN:** Lars Abromeit
**REDAKTEUR FÜR BESONDERE AUFGABEN:** Siebo Heinken
**GEO-TAG DER NATUR:** Dr. Mirjam S. Glessmer, geo-tagdernatur@geo.de
**BILDREDAKTION:** Julia Franz, Mareile Fritzsche, Hanna Gaede, Christian Gargerle, Christian Gogolin, Anja Jöckel, Frauke Körting, Chantal Pilsl, Roman Rahmacher, Jochen Raiß, Simone Thürnau, Katrin Trautner, Carla Rosorius, Trixi Rossi, Carina Weirauch
**GRAFIK:** Sharare Amirhassani, Ulrike Darwisch, Dennis Gusko, Anja Klingebiel, Jan Krummrey, Anna Primavera, Tina Schäfer, Christina Stahlke, Marco Stede, Frank Strauß, Nele Wievelhove
**KARTOGRAFIE:** Stefanie Peters
**VERIFIKATION:** Lenka Brandt, Regina Franke, Dr. Götz Froeschke, Susanne Gilges, Jörg Melander, Alice Passfeld, Andreas Sedlmair, Stefan Sedlmair, Bettina Süssemilch
**SCHLUSSREDAKTION/CVD:** Dirk Krömer, Jeanette Langer, Adelheid Molitoris, Ralf Schulte, Olaf Stefanus, Antje Wischow
**SEKRETARIAT:** Ümmük Arslan, Judith Swiderek, Silvia Wieking, Anastasia Mattern (Buchrecherche)
**USA-KORRESPONDENT:** Karl Teuschl
**HONORARE/SPESEN:** Angelika Györffy, Heidi Hensel
**GEO.DE:** Leitung: Julia Großmann, Jan Henne
Redaktion: Peter Carstens, Jaane Christensen (Bildredaktion), Solvejg Hoffmann
**VERANTWORTLICH FÜR DEN REDAKTIONELLEN INHALT:** Jens Schröder, Markus Wolff
**PUBLISHER:** Frank Thomsen, Toni Willkommen (Stellvertreter)
**PUBLISHING MANAGER:** Patricia Hildebrand, Svenja Urbach, Eva Zaher
**DIGITAL BUSINESS DIRECTOR:** Carina Laudage
**SALES DIRECTOR:** Franziska Bauske, Betsy Edakkamannil, Sarah Engelbrecht, DPV Deutscher Pressevertrieb
**DIRECTOR BRAND PRINT + DIRECT SALES:** Heiko Hager, Ad Alliance GmbH
**MARKETING DIRECTOR:** Sandra Meyer, Frank Thomsen
**MARKETING MANAGER:** Pascale Victoir
**PRESSE- UND ÖFFENTLICHKEITSARBEIT:** Isabelle Haesler
**HERSTELLUNG:** G+J Herstellung, Heiko Belitz (Ltg.), Oliver Fehling
**VERANTWORTLICH FÜR DEN ANZEIGENTEIL:** Fabian Rother, Head of Brand Print + Direct Sales, Ad Alliance GmbH, Am Baumwall 11, 20459 Hamburg.
Es gilt die jeweils aktuelle Preisliste. Infos hierzu unter www.ad-alliance.de


Bankverbindung: Deutsche Bank AG Hamburg,
IBAN: DE30 2007 0000 0032 2800 00, BIC: DEUTDEHH
ISSN: 0933-9736
Druckvorstufe: 4mat Media Hamburg
Druck: appl druck GmbH, Wemding
GEO wird auf chlorfrei gebleichtem Papier gedruckt. Die Papierfasern stammen aus nachhaltiger Waldbewirtschaftung.
Die Nachhaltigkeit ist nach ISO 14001 zertifiziert.


USA: GEO (German) (USPS no 00011476) is published monthly by Gruner+Jahr GmbH. Known Office of Publication: Data Media (A division of Cover-All Computer Services Corp.), 2221 Kenmore Avenue, Suite 106, Buffalo, NY 14207-1306. Periodicals postage is paid at Buffalo, NY 14205. Postmaster: Send address changes to GEO (German), Data Media, P.O. Box 155, Buffalo. NY 14205-0155,
E-Mail: service@roltek.com, Toll free: 1-877-776-5835

Kanada: Sunrise News, 47 Silver Shadow Path, Toronto, ON, M9C 4Y2,
Tel. + 1 647-219-5205, E-Mail: sunriseorders@bell.net

**GEO-LESERSERVICE**

**FRAGEN AN DIE REDAKTION**
Tel.: 0049/40/37 03 20 84
E-Mail: briefe@geo-wissen.de

**ABONNEMENT- UND EINZELHEFTBESTELLUNG**
**ONLINE-KUNDENSERVICE:** www.geo.de/kundenservice
**POSTANSCHRIFT:** GEO WISSEN-Kundenservice, 20080 Hamburg
Tel.: 0049/40/55 55 89 90
**SERVICE-ZEITEN:** Mo–Fr 7.30–20 Uhr, Sa 9–14 Uhr
**PREIS JAHRESABONNEMENT:**
44,00 € (D), 50,00 € (A), 74,40 sfr (CH);
Preise für weitere Länder auf Anfrage erhältlich.

**BESTELLADRESSE FÜR GEO-BÜCHER, GEO-KALENDER, SCHUBER ETC.:**
GEO-Versand-Service, 74569 Blaufelden
Tel.: 0049/40/422 36 427

**BILDNACHWEIS/COPYRIGHT-VERMERKE**
*Anordnung im Layout: l. = links, r. = rechts, o. = oben, m. = Mitte, u. = unten*

**TITEL** *Sven Hagolani/DEEPOL by plainpicture*

**EDITORIAL** *Melina Mörsdorf für GEO WISSEN: 3 l.; Andreas Pufal für GEO WISSEN: 3 r.*

**INHALT** *siehe entsprechende Seiten*

**ALTERNATIVEN ZUM »WEITER SO«** *Roman Pawlowski für GEO WISSEN: 6–25; außer: Frank Bauer für GEO WISSEN: 7 m. r., 12/13; Alina Emrich und Kiên Hoàng Lê für GEO WISSEN: 6 u. l., 16/17*

**BRAUCHE ICH DAS? ODER KANN DAS WEG?** *Raymond Forbes/Stocksy United: 27*

**»IN KRISEN FINDEN WIR HERAUS, WAS WIRKLICH WICHTIG IST«** *Michael Drost-Hansen: 28/29; Casper Dalhoff/Ritzau Scanpix/dpa/pa: 30; Simon Skipper/Scanpix/dpa/pa: 31*

**WEGE ZUM ALTERNATIVEN HEDONISMUS** *Achim Multhaupt für GEO WISSEN: 32/33; Fabian Weiss: 34; Pierre Adenis/laif: 35; Lena Giovanazzi: 36, 38; Jens Schwarz/laif: 37; Ingmar Björn Nolting: 41*

**DIGITALE VERSÖHNUNG** *Illustration: Rinah Lang für GEO WISSEN: 42; Urban Zintel: 43*

**EIN KLEINER RAUM FÜR DIE GROSSE FREIHEIT** *Alina Emrich und Kiên Hoàng Lê: 44–47; Jean-Claude Winkler: 48–49; Matthias Schmiedel: 50–51*

**MACH DEIN LEBEN LEICHTER!** *Illustrationen: Katharina Gschwendtner für GEO WISSEN: 52–56*

**DIE WIRTSCHAFT NEU DENKEN** *Marlena Waldthausen: 60–67*

**DAS WEITE GESUCHT** *Brice Portolano: 68–91*

**EIN MANN, EINE HÜTTE, EIN HALBES JAHR** *Illustrationen: Eleanor Crow für WALDEN: 94–97; außer: Arnaud Meyer/Opale/Leemage/ddp: 97 u.*

**GESUNDES AUS DER NATUR** *Ramon Haindl für WOHLLEBENS WELT: 100–105*

**DIE KUNST DES LOSLASSENS** *Illustrationen: Katharina Noemi Metschl für GEO: 106–113*

**AGNES WAR NOCH NIE AM MEER** *Michael Pezzei: 116–120*

**»LASST UNS UNSEREN KREMPEL LIEBEN«** *Illustrationen: Katharina Noemi Metschl für GEO: 122–123; außer: John Nichol: 122 m.*

**VOM MUT ZUR MUSSE** *Patrick Tourneboeuf/Tendance Floue: 124–132; Rita Kesselring: 133*

**SO GELINGT DIE RENTE MIT 40** *Patrick Junker: 135*

**VOM GENIESSEN UND VERZWEIFELN BEI DEN SIEBEN LINDEN** *Roman Pawlowski für GEO WISSEN: 136–143*

**LUST AM VERZICHT? GIBT ES SEIT JAHRTAUSENDEN** *Tony Querrec/RMN-Grand Palais/bpk: 144; Underwood Archives/Interfoto: 145 l.; Waterbrook Press: 145 r.*

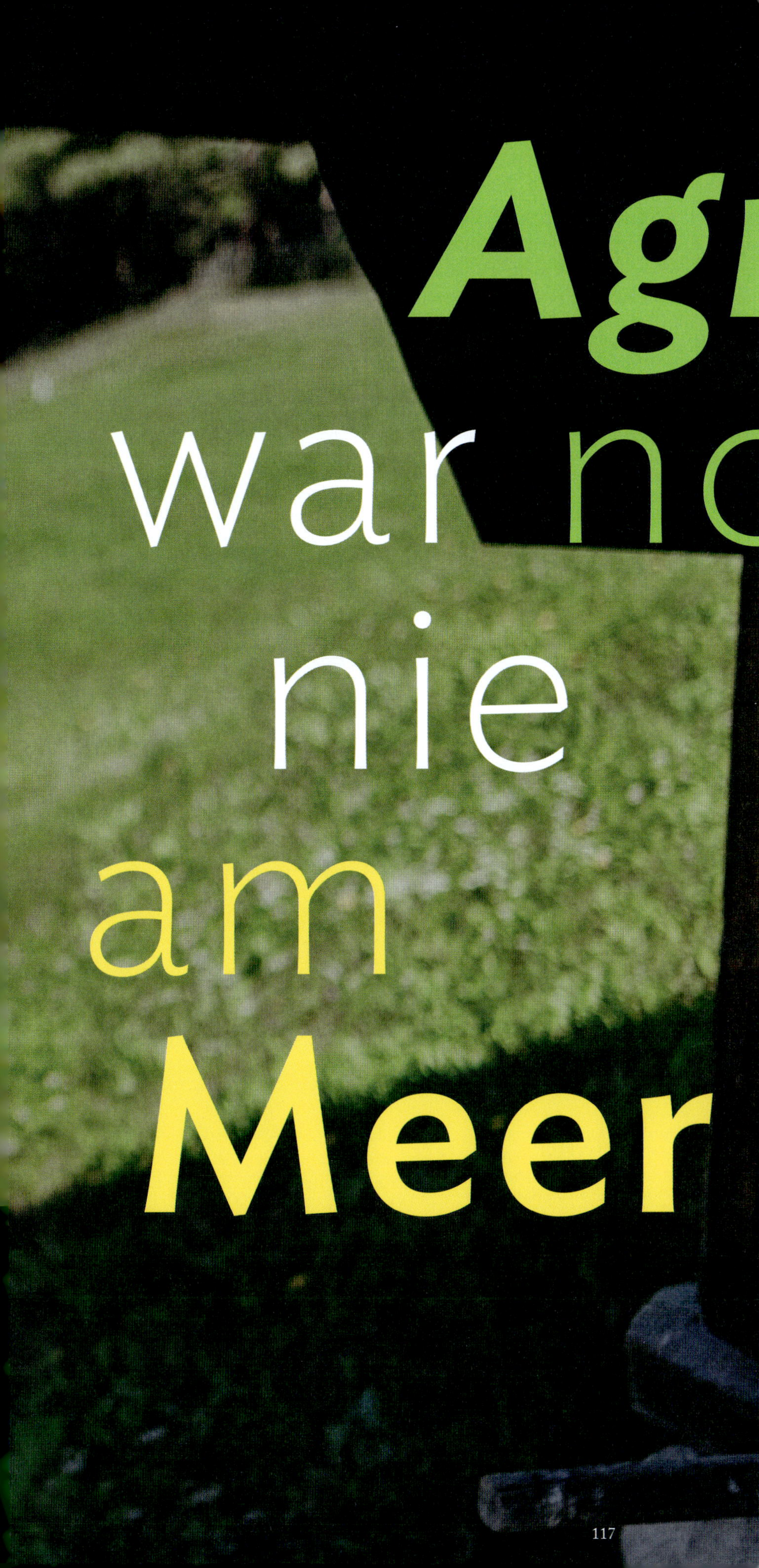

# Agnes war noch nie am Meer

Die Bergbäuerin ***Agnes Strauß*** lebt auf ihrem Hof in Südtirol, macht keinen Urlaub, war nur ein einziges Mal im Kino. Sie sagt: »Das Gute überwiegt fast immer«

**Text:** Barbara **Bachmann**

**Foto:** Michael **Pezzei**

### Bodenständig

Seit sie verheiratet ist, hat Agnes Strauß den Tratterhof nur einmal verlassen: für zwei Tage und eine Nacht, um ihren Bruder nahe Stuttgart zu besuchen

P

Prüfend schaut Agnes Strauß auf die Hände ihres Sohnes Alfred. Beständig und kraftvoll kneten sie den Brotteig, versinken tief darin. 30 Kilogramm Roggenmehl. Je zwei Kilogramm Weizen- und Vollkornweizenmehl. Dazu elf Handvoll Salz, Hefe. Ein kleiner Kübel Fenchel und Kümmel, zwei große Kübel lauwarmes Wasser. Mit einem Handtuch wischt Agnes Strauß ihrem Sohn den Schweiß von der Stirn. Eine anstrengende Arbeit, morgens um halb acht.

Früher hat ihr Mann Meinhard das Kneten übernommen; nun, altersschwächer als seine Frau, seine weißen Haare verbergen sich unter einem Hut, schaut er den beiden von der Küchenbank aus zu.

Alle zwei bis drei Monate backt Familie Strauß Brot, 90 Laibe auf einmal. Sie isst sie zum Frühstück und zur Nachmittagsjause. Ein halber Tag Arbeit für eingespielte Hände. In den Teig streicht Agnes Strauß mit den Fingern ein Kreuz, „damit er gut gelingt". Dann deckt sie ihn zu.

Während der Teig eine Stunde ruht, geht sie nach draußen, zum Brotofen, der schon viele Tausend Laibe gebacken hat, und macht Feuer. Inzwischen verbreiten die geformten Brote den Duft von Hefe und Gewürzen. Als die Glut erlischt, legt Agnes Strauß die Laibe in den heißen Ofen, 25 Minuten später öffnet sie das Türchen. Ein köstlicher Duft dringt heraus.

Nebel bedeckt das Tal, kriecht die Berge hinauf. Oben auf 1664 Meter Höhe glänzt die Sonne. Hinter Agnes Strauß steht fest wie ein Fels ihr Zuhause, der Tratterhof im Tauferer Ahrntal in Südtirol. Vor ihr eine Bergkulisse mit ihr vertrauten Gipfeln: der Reisnock, der Speikboden. Die darunterliegende Gemeinde Mühlwald mit Kirchturm und See kann man nur erahnen.

Die Hände erzählen von **vielen** Arbeitsjahren, **Maniküre** kennen sie nicht

Von dem 1500-Seelen-Dorf sind es noch fünf Kilometer bis hinauf zum Hof. Serpentinen, die nur Platz für ein Fahrzeug lassen und die nicht aufhören, als ob sie in den Himmel fahren möchten.

**Traumlage**

Der Tratterhof im Tauferer Ahrntal liegt auf 1664 Meter Höhe; fünf Kilometer sind es bis hinunter in die 1500-Seelen-Gemeinde Mühlwald. In der Küche bereitet Agnes Strauß den Teig für ihr Gewürzbrot – alle zwei, drei Monate backt sie Dutzende Laibe als Vorrat

Agnes Strauß kam 1947 hier oben zur Welt, als vorletzte Tochter von vier Buben und vier Mädchen. Immer hat sie hier gelebt. Sie trägt graues kurzes Haar, eine eckige Brille, eine blaue Schürze. Ihre Arme sind kräftig und von der Sonne gebräunt. Die Hände erzählen von vielen Arbeitsjahren, sie kennen keine Maniküre.

Das Leben der Bergbäuerin spielt sich innerhalb weniger Kilometer ab. Nie ist Agnes Strauß am Meer gewesen, nie hat sie ihre Füße in den Sand gesteckt. Sie lacht, wenn man sie danach fragt: Warum hätte sie sollen? Urlaub ist Unsinn für sie. Vor drei Jahren war sie das einzige Mal im Kino.

Seit sie verheiratet ist, hat sie den Tratterhof nur einmal verlassen: für zwei Tage und eine Nacht, Besuch bei ihrem Bruder nahe Stuttgart. Ihre weiteste Reise. „Wie froh ich gewesen bin, wieder nach Hause zu kommen."

Neben dem Brotofen steht die alte Kornkammer, neben dem Hof der Stall mit den Tieren: 18 Stück Vieh, Simmentaler und Holland-Rinder. Agnes' größter Stolz ist ihr Gemüsegarten. Nicht alles wächst auf dieser Höhe, immerhin: Salat, Schnittlauch, Blumenkohl, Majoran, Melisse, Blumen – die wild wachsenden auf der Wiese sind ihr dennoch lieber. Keine Frage, das hier ist ein schöner Flecken Erde, aber die Bergbäuerin sagt: „Die eigene Zufriedenheit hängt nicht nur vom Ort ab."

Agnes Strauß hat ihr Glück ganz nah gefunden. Sie ist froh und genügsam, obwohl oder vielleicht gerade weil sie nicht viel anderes kennt. Das ist selten in einer Zeit, in der alles optimiert, jede Tür offen gehalten wird und die Sehnsucht nach Natur im Wochenendprogramm befriedigt wird.

**Selbstversorger**

Beim Brotbacken hilft ihr Sohn Alfred, der erst vor einem Jahr hinunter ins Dorf gezogen ist; ihren Mann, mit dem sie seit mehr als 40 Jahren verheiratet ist, verlassen so langsam die Kräfte. Nach getaner Arbeit packt Agnes Strauß manchmal ihren Rucksack und wandert los

Bilder der Erinnerungen an die „glückliche Kindheit“ sind, wie sie sagt, geblieben. Bis zur Schulzeit hat Agnes Strauß keinerlei Verpflichtungen, ab dem Alter von sechs packt sie mit an, wo und wie es ihr möglich ist.

Den Weg zur Schule, hinunter ins Tal und wieder hinauf, geht sie täglich zu Fuß. Auf den Tellern der Mahlzeiten finden sich meist nur Kartoffeln oder Knödel.

Nach der Pflichtschulzeit, mit 14 Jahren, beendet Agnes ihre Schulkarriere. Etwas anderes ist damals nicht vorgesehen. Fortan arbeitet sie voll auf dem Hof mit. Die Felder werden mit der Hand bestellt, und so werden auch die Kühe gemolken.

Die Veränderung kommt in den 1970er Jahren: eine geteerte Straße hinunter ins Dorf, Maschinen, Strom. Und mit ihm der Mann. Mit anderen Arbeitern verlegt Meinhard Küer damals auf dem Hof die ersten Kabel. Agnes ist 21, er fünf Jahre älter. Drei Jahre später heiraten sie, an einem verregneten Tag im Mai 1974. „Er war immer sparsam, ein guter Vater, ein liebevoller Ehemann.“ Sie ehrt und liebt ihn bis heute. Sie haben vier Kinder, zwei Söhne und zwei Töchter. Alle sind sie in demselben Zimmer zur Welt gekommen wie einst Agnes.

Agnes ist wenige Monate verheiratet, als sie sich für das Leben entscheidet, das sie seither führt. Keiner der vier Brüder will Bauer sein, da hat sie einen bösen Traum: Der Erbhof muss verkauft, die Zimmer müssen geräumt werden. Die Familie trägt die Sachen in schwarzen Truhen hinaus, hinter jeder tut sich ein schwarzes Loch auf.

Am nächsten Morgen sagt sie zum Vater: „Ich bleibe.“ Es kommt damals fast nie vor, dass eine Frau einen Hof übernimmt. Er überschreibt eine Hälfte ihr und die andere ihrem Mann, damit auch er etwas zu sagen hat.

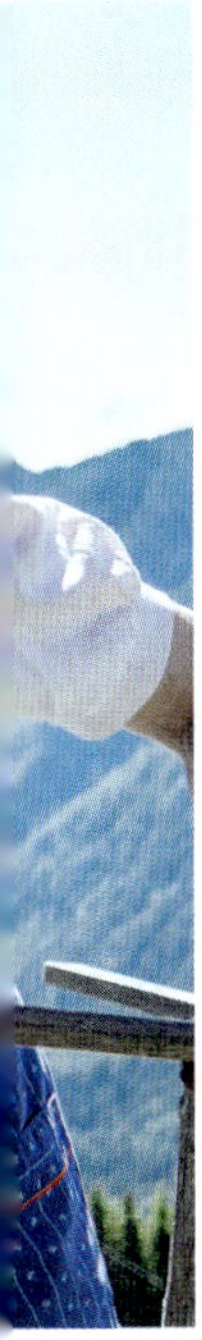

Steile Wiesen finden sich rund um den Tratterhof. Es ist in diesem Jahr der 65. Sommer, in dem Agnes Strauß auf den Feldern steht und das Heu erntet, die Sonne im Nacken.

Sie wendet das Gras, das ihr ältester Sohn gemäht hat. Sobald es trocken ist, lagern sie es ein. Nahrung für die Tiere im Winter. „Der Geruch des frischen Heus im Stall, er ist unbeschreiblich", sagt sie.

Ein einfaches Leben zu führen, das muss nicht Einfältigkeit bedeuten. Agnes Strauß hat wenige Gedichte gelesen, aber viele geschrieben – über den ersten Schnee, den Tau im Frühling, über Freizeitstress, den sie zunehmend bei den Menschen, selbst bei ihren Kindern beobachtet und über den sie nur den Kopf schütteln kann. Über eine morsche Holzbank am Wegesrand, auf der sie viele Stunden verbracht hat. Und das Nichtpflücken eines Vierklees – weil sie das kleine Glück einem anderen Menschen gönnt.

Mit dem Schreiben fing sie Ende der 1990er Jahre an, als sie den Abriss des Erbhofes verarbeiten musste. Die Außenmauern waren gefärbt von Sonne und Wetter, die Kälte schien durch alle noch so kleinen Öffnungen zu kriechen. Der Putz bröckelte von den Mauern. Statt des Badezimmers ein Plumpsklo im Freien.

Nur wenige Meter versetzt bauten Agnes Strauß und ihr Mann ein neues Bauernhaus. Es hat eine holzgetäfelte Stube wie das alte, Stickereien hängen an den Wänden, mit Sätzen wie „Ich habe Zeit, ich muss nicht eilen; ich darf verweilen. Welch ein Geschenk". Aber das neue Holz ist still. Das Glück der knarzenden Bretter bei jedem Tritt, das hört sie nicht mehr.

Ist die Sehnsucht nach dem alten Hof groß, findet Agnes Strauß ein wenig Trost im Keller. Dort steht eine Miniatur ihres Heimathauses, nachgebaut von ihr persönlich, daneben über 50 verschiedene Krippen.

Sie fertigt sie mit Materialien an, die die Natur gibt: Wurzeln, Stöcke, Steine, Rinden. Zu Weihnachten holt sie eine von ihnen hoch in die Wohnstube. Das Basteln hat sie wie das Schreiben erst mit den Jahren entdeckt. Wäre sie nicht Bäuerin geworden, dann vielleicht Schneiderin, sagt sie. Und dennoch: „Alles hat seine Richtigkeit."

Manchmal habe sie vor lauter Arbeit nicht weitergewusst, war sie der Verzweiflung nahe. Das Leben als Bergbäuerin wird oft idealisiert, doch das Auskommen in der Höhe ist hart. Aber andererseits: Nur an Orten wie diesem kann man im Winter sogar den Schnee fallen hören. Und wenn er im Frühling im Tal schon schmilzt, hängt er oben noch Wochen später in den Hängen. „Geduldig zu sein, darauf kommt es an." Vieles erledige sich von selbst.

Einsam habe sie sich nie gefühlt. „Es mag ironisch klingen, aber heute, trotz Straßen und Telefonen, sind wir hier oben mehr für uns als je zuvor." Einsam fühlte sie sich auch nicht, als Sohn Alfred mit 42 Jahren hinunter ins Dorf zog. Bis vor einem Jahr lebte er bei den Eltern, die Wochenenden verbringt er selbst heute noch immer mit ihnen. Der älteste Sohn wohnt mit seiner Frau im selben Haus einen Stock tiefer, er hat seinen eigenen Haushalt, er wird bald der neue Tratterbauer sein. Die beiden Töchter sind verheiratet und in andere Dörfer gezogen.

Abends vor dem Schlafengehen resümiert Agnes: Was war an diesem Tag gut, was weniger? „Das Gute überwiegt fast immer." Gedanken wie schwarze Wolken, darüber, wie lange sie die Arbeit wohl noch schaffen wird und was die Zukunft bringt, sie verfliegen schnell. Und frei habe sie sich immer gefühlt.Heute, findet sie, sei die allgemeine Unzufriedenheit größer, „aber vielleicht spricht man auch nur offener darüber". Nicht zu unterschätzen der Wohlstand, der schwierig zu verarbeiten sei. Zum Glück, sagt sie dann, habe sie nie zu viel besessen. Sie sei weder arm noch reich, finanziell gesehen.

Sie verwendet weder Smartphone noch Internet. Ein altes Nokia-Tasten-Handy reicht ihr zum SMS-Schreiben, wenn sie einmal in der nächstgelegenen Stadt Bruneck ist – was nicht oft vorkommt – und abgeholt werden muss. Zu Hause erreicht man sie im Festnetz, aber lieber als ein Anruf ist ihr Besuch. Ein Gespräch mit Augenkontakt. Die Menschen müssen dafür zu ihr kommen, einen Führerschein hat sie nicht.

Selbst eine, die in der Abgeschiedenheit lebt, sucht manchmal einen Rückzugsort. Agnes Strauß findet ihn auf der hauseigenen Alm, darauf ein Holzhaus aus dem Jahr 1921, gelegen auf einer Höhe von 2000 Metern. Dort sind die meisten ihrer Gedichte entstanden. Elektrizität gibt es keine, keine Nachbarn, die wie jene nahe dem Hof per Fußmarsch erreichbar sind. Nur Natur. Den weiten Blick. Einen Holztrog, aus dessen Hahn Wasser gleichmäßig tropft. Bei der „Hütte", wie Agnes Strauß schlicht sagt, hört sie das Gezwitscher der Vögel am besten. Manche, wie der Kuckuck, seien im Tal und auch rund um den Hof fast verstummt.

Mit Bergschuhen, Hut und Wanderstock macht sie sich an einem Vormittag zu ihrem Lieblingsplatz auf. Im Rucksack ein Fernrohr und den hausgemachten Vogelbeer-Schnaps. Sie nimmt die Abkürzung durch den Wald, vorbei an den Lärchen, die sie schon als Kind kannten.

Heute braucht sie doppelt so lange für den steilen Steig wie in jungen Jahren. Aber die Füße kennen den Weg. Und auch das sei ein Glück: langsam sein zu dürfen und dennoch anzukommen.

Ist es das Geheimnis des **Glücks,** dass man nicht vermisst, **was man** nicht kennt?

# »Lasst uns unseren Krempel lieben«

*Weniger ist mehr? Das stimmt nicht immer, findet die Autorin* ***Lee Randall****. Denn unser Ich lebt auch in Objekten*

**Text:** Lee **Randall**

**Illustrationen:** Katharina Noemi **Metschl**

***Wir wissen, wer wir sind,*** wenn wir betrachten, was wir besitzen – der französische Philosoph Jean Paul Sartre hat diesen Gedanken formuliert. Und Marketingexperten, Anthropologen, Psychologen und Soziologen unserer Tage, die sich mit dem Thema Eigentum und Identität beschäftigen, gelangen zu dem gleichen Schluss: Wir finden uns selbst in den Dingen, mit denen wir uns umgeben.

Das hat wenig mit Wohlstandsdenken zu tun, aber viel mit einem offenbar tiefen Bedürfnis in uns: nämlich Erinnerungen, Werte und Erfahrungen in konkreten Objekten zu speichern, sie so vor dem Vergessen zu bewahren.

Öffnen Sie meine Haustür, und das Erste, was Sie sehen, sind Bücher. Buchreihen, die sich an den Wänden entlangziehen, Bücher, die sich auf Tischen stapeln. Ein jedes von ihnen ist ein autobiografischer Datenspeicher meiner selbst, eine Erinnerung daran, wer ich war, als ich es las, was ich an ihm liebenswert fand, wohin es mich trug.

Als ich an meinen jetzigen Wohnort in Schottland zog, nahm ich zwar jede Menge Zeug mit, Kleider, Möbel, Kunst, Schnickschnack. Meine Bücher aber lagerte ich bei Verwandten ein. Es fühlte sich an wie eine Amputation, ich litt unter einer Art „Phantombibliotheksschmerz": Ich griff nach einem Buch, um ein Zitat nachzuschlagen, eine Aussage zu überprüfen, um Trost zu finden – und griff ins Nichts. Nach einem qualvollen Jahr des Sehnens ließ ich meine Bibliothek nachkommen. Erst als sie mich wieder umgab, fühlte ich mich als vollständiger Mensch, war ich angekommen.

**Lee Randall** hat Kunst studiert und für Buchverlage gearbeitet. Heute lebt die Autorin und Social-Media-Expertin in Schottland.

***Wenn ich über*** die Option eines konsequenten Minimalismus nachdenke, sind mir die Sätze des Psychologen Mihály Csíkszentmihályi eine Warnung. Unter dem Titel „Warum wir Dinge brauchen" schreibt er, in den Gegenständen manifestiere sich die Persönlichkeit ihrer Eigentümer. Sie bänden uns ein in die Gegenwart, seien Erinnerungen der Vergangenheit, Wegweiser in die Zukunft. Die Objekte lieferten konkrete Anhaltspunkte für den Standort ihrer Besitzer in der Gesellschaft.

Der britische Künstler Michael Landy hat in einer 14-tägigen Performance mit dem Titel „Break Down" seine sämtlichen Besitz-

tümer zerstört, genau 7227 Gegenstände. „Ich will mein Selbst loswerden, damit ich mich neu erfinden kann", sagte er; es war auch eine Art Konsumkritik. Die Dinge, die ihm am meisten bedeuteten, vernichtete er zuletzt, unter anderem den Mantel seines Vaters. Dieses Erbstück zu zerstören habe sich angefühlt, als würde er seinen Vater selbst verstoßen, so Landy.

„Was ich getan habe, war destruktiv und nihilistisch; für etwa ein Jahr war ich unfähig, künstlerisch tätig zu sein. Ich tat überhaupt nichts", so Landy im Rückblick. Es klingt, als hätte er sein Selbstgefühl ausgelöscht. Das Dasein ohne Dinge als leere Tafel. Was, wenn überhaupt irgendetwas, wirst du nun auf diese Tafel schreiben, Michael Landy?

Das entgegengesetzte Extrem bilden jene, die krankhaft an ihren Objekten festhalten, die buchstäblich abhängig von ihnen sind, die extensiven Sammler, die Messies. „Für manche dieser Menschen bedeutet das Horten von Gegenständen eine Vergewisserung der eigenen Existenz – mein Zeug ist, also bin ich", so die TV-Journalistin Aggie MacKenzie. Andere lebten in dem Gefühl, es werde der Tag kommen, an dem das alles zu gebrauchen sei. Auch könne Krempel als Bestätigung des Status quo dienen, als Damm gegen den reißenden Strom der Veränderungen.

***Der Gedanke, es falle uns schwer,*** Dinge wegzuwerfen, weil diese aufgeladen seien mit Bedeutung, ist mir durchaus vertraut. Ich besitze vier Sets antiker Gläser, Fläschchen und Flacons. Derartiges braucht kein Mensch. Schon gar nicht ich, die ich nicht einmal eine Frisierkommode besitze, auf der ich auch nur eines der Sets ausstellen könnte. Aber es war stets mein Traum, in einem weitläufigen Anwesen zu leben. Und diese Objekte stehen wahrscheinlich für die Schlafzimmer dieser leider nichtexistierenden Villa. Außerdem liebe ich es, diese Dinge anzuschauen. Ich bin gern die Person, die sie sammelt.

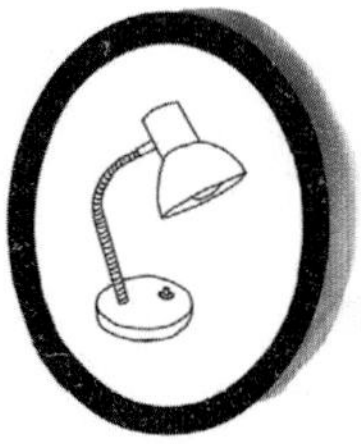

Um die Rolle der Objekte in zwischenmenschlichen Beziehungen zu beleuchten, interviewte der Anthropologe Daniel Miller über 17 Monate hinweg 30 Londoner Bürger. „In aller Regel gilt: Je enger unsere Beziehung zu Objekten, desto enger unsere Beziehung zu Menschen", so das Ergebnis. Er berichtete von einem Mann, der nichts besaß, der nur mit einem Minimum gespendeter Möbel und Kleidung lebte und dem darüber „der Sinn für die eigenen Grenzen und das eigene Maß abhandengekommen war".

Das stützt die These, dass Objekte uns erden, uns einen stabilen Rahmen geben. Was keineswegs ein statischer Zustand ist, wir können mit den Dingen interagieren. Schon als Kind habe ich meine Sachen ständig umarrangiert, in neue Relation zueinander gesetzt. Die Gewohnheit blieb. Ich räume noch heute die Wohnung um, wenn mich ein Gefühl von Stillstand plagt. Und als meine Ehe zerbrach, da stellte ich in geradezu obsessiver Weise Möbel um, immer wieder, fast zwei Jahre lang, um so meinen Lebensraum neu zu definieren.

Was mich zu einem letzten, persönlichen Bekenntnis führt: Mein Stolz auf das, was ich besitze – und es geht hier keineswegs um teure, prestigeträchtige Gegenstände –, ist unmittelbar verbunden mit einer Sehnsucht nach Bewunderung und Liebe. Mit der Hoffnung, dass Menschen, die mein Zuhause besuchen, mich in einem besonderen Licht sehen, meine Person tiefer würdigen, als dies an einem neutralen Ort möglich wäre. Mein Exmann schwor, dass er sich in mich verliebt habe, als er meine Bibliothek sah und das Lexikon, das ständig neben meinem Bett liegt.

Selbstverständlich müsste ich meine Erinnerungen nicht in Staub sammelnden, Platz fressenden Objekten speichern. Ich könnte sie auch in einen digitalen Raum auslagern. Die Technik ist mir durchaus vertraut; mit Tausenden Followern auf Twitter, Hunderten auf Pinterest, mit jeder Menge Traffic auf meinem Blog nimmt das Publikum an meinem Leben in größerem Ausmaß teil denn jemals zuvor.

***Also könnte ich doch auch*** meine Bibliothek in E-Books auslagern und meine Musik über einen Streaming-Dienst beziehen. Das aber erscheint mir als trost- und seelenlose Perspektive. Ich bewege mich mit Leichtigkeit in der digitalen Welt und bleibe doch zutiefst objektgebunden. Ich nutze meinen Kindle nur auf Reisen, höre immer noch CDs und sehe nicht ein, warum ich meine alten Fotos in eine Cloud hochladen sollte.

Ob digitale Besitztümer so funktionieren können wie ihre materiellen Ebenbilder, ob sich in ihnen auf Dauer Identität manifestiert – die Technologie ist noch zu jung, um das abschließend beantworten zu können. Was mich anbelangt: Ohne meinen Krempel besäße ich zwar denselben Intellekt, hätte die gleichen Erinnerungen, Werte, Glaubenssätze. Aber ohne Objekte, die mich erden, die mir Freude machen, würde ich womöglich haltlos davontreiben im Strom des Bewusstseins.

Menschen, die in militärische Eliteeinheiten oder religiöse Orden eintreten, müssen ihre persönlichen Gegenstände abgeben. So wird die Einzigartigkeit des Rekruten, des Novizen getilgt. Getrennt von meinen Besitztümern wäre ich zwar immer noch ich. Aber wohl nicht für lange Zeit. Wenn ich meine Sachen abschaffe, schaffe ich mich schließlich auch selbst ab. ‹

• Entschleunigung •

# Vom Mut zur Muße

Sich dem Sog der Beschleunigung nicht auszuliefern und Nichtstun ins Leben zu integrieren braucht Willensstärke. Muße gewinnt nur, wer auch Nein sagen kann

# Sich treiben lassen, in den Himmel blinzeln, schwerelos werden – in den Ferien üben wir den Ausstieg aus Tempo und Effizienz-Dasein.

## Doch das Talent zur Ruhe auch im Alltag wiederzufinden ist nötig und ein fast subversiver Akt

**Text:** Hanne **Tügel**

**Fotos:** Patrick **Tourneboeuf**

**Es war ein Angebot** an Menschen, die viele Jahre gern gearbeitet haben, die „alles gegeben" haben, darüber aber Freunde und persönliche Interessen verloren haben und sich nun die „Sinn-Frage" stellen. Der Lockruf der Klinik: „Sie haben wenig Zeit? Wir wissen es und bieten Ihnen deshalb eine intensive Kurzzeittherapie." Kompetent. Diskret. Anonym.

Das 21-tägige „individuelle Burn Out Programm" ist bestückt mit Bogenschießen, Crossgolfen, Mountainbiking, Kanu- und Floßfahrten, Asphaltstockschießen, Wandern, einem Hochseilgarten. Daneben wartet die „zielorientierte" Therapie, die Probleme „psychoedukativ und emotional-konfrontativ" angeht. Als Pausenfüller dient das Angebot fürs Sinnlich-Seelische: Aqua-Fitness, Barfußgehen, Meditation, Massagen, Qigong, Yoga. Kosten: 6993 Euro. Der Frühsport beginnt um 6.30 Uhr.

Zugegeben, ein Extrembeispiel. Aber es wirft die Frage auf: Geht's noch? Wie gesund ist eine Gesellschaft, deren Therapeuten Überarbeitung durch Kur-Exzesse heilen wollen?

Offenbar haben wir verlernt, uns selbst jene „Ruhe der Seele" zu verschaffen, die Goethe als „herrliches Ding" empfahl. Nichtstun? Bis heute sind es Künstler, die das Lob des Müßiggangs hochhalten. Loriot in seinem unnachahmlichen Sketch, in dem der Hausherr im

Sessel sein „Ich sitze hier!" gegen die emsige Gattin verteidigt. Gerhard Polt, der seine Vorliebe für das „Herumschildkröteln" offenbart. Judith Holofernes, die in ihrem Song „Nichtsnutz" das Anti-Programm zum Hyperaktivismus ausgegeben hat: „Ich mach heut nichts! Nichts! Nichts was etwas nutzt! Nutzt! Nutzt/Ich mach heut nichts/Was etwas nutzt, wobei man schwitzt oder lang sitzt/Ich bin Nichts! Nichts! Nichts!/Nutz! Nutz! Nutz!"

Gut gesagt, schwer nachzuahmen. Eine Partei, die offensiv für mehr Nichtstun oder gar Faulenzen einträte, geriete schnell unter Drückeberger-Verdacht. Faulheit hat einen geradezu miserablen Ruf. Der Begriff weckt, gerade in der deutschen Sprache, eher die Assoziation „verfault" als die Sehnsucht nach dem süßen Nichtstun, dem Dolcefarniente der Italiener. Wer nach Ansicht der Leistungswilligeren nicht fleißig genug ist, gilt als: apathisch, arbeitsscheu, behäbig, bequem, dekadent, dickfellig, leidenschaftslos, pflichtvergessen, säumig, teilnahmslos, träge.

Dabei ist nicht Bummelei, sondern Überlastung das Problem unserer Zeit. Wie rapide das Tempo anzieht,

*»Ich gründe eine Müßig-Gang ... Alles, was man machen könnte, mach ich nicht«*

Judith Holofernes im Song »Nichtsnutz«

Hohe Zeit also, das Tempo zu drosseln, individuell und gesellschaftlich. Die Herrschaft über die eigene Zeit zurückzugewinnen. Sich wieder zu erlauben, was der selbst ernannte Teilzeit-Nichtsnutz Judith Holofernes besingt: den zumindest zeitweisen Ausstieg aus Hochgeschwindigkeitsgesellschaft und Hamsterrad. Abschalten, in den Tag hinein leben, endlich tun, was man will. Oder, fast wichtiger: nicht mehr tun, was man eigentlich nicht will. Oder, noch schwieriger: einfach einmal gar nichts tun.

An Ferien- und Feiertagen gelingt die Wiederentdeckung der Langsamkeit, das Schwingen in eine zeitlose Zeit. Wir spüren, dass das Seelenbaumeln, das Schaukeln in der Hängematte ein Nichtstun ist, bei dem sich Kraft für zukünftiges Tun sammelt. So wie unterforderte Muskeln die Quälerei im Fitnesszentrum genießen, lechzt der überstrapazierte Geist nach Ruhe. Gebildete Faulenzer können den Begriff „Default Mode Network" ins Spiel bringen. Damit bezeichnen Neurowissenschaftler jenen erst 1998 entdeckten Leerlaufmodus, in den das Gehirn fällt, wenn es nicht mit Reizen bombardiert wird; im Schlaf oder auch, wenn die Gedanken ziellos schweifen. Man könnte den Prozess als geistige Verdauung bezeichnen: Das Hirn benötigt und nutzt die Pausen, um Eindrücke zu verarbeiten.

»Schau nach oben, sieh die vergängliche Schönheit, und lebe mit deinem Kopf in den Wolken!«

Empfehlung der »Cloud Appreciation Society«

zeigt die Studie „zur Stresslage der Nation" im Auftrag der Techniker Krankenkasse. In einer Umfrage aus dem Jahr 2009 hatten noch 28 Prozent der 1000 repräsentativ Befragten „ein zu hohes Arbeitspensum" angegeben, 2016 waren es 57 Prozent. Belastungen durch „Hetze und Termindruck" empfanden nicht mehr 52, sondern 59 Prozent. Drei von vier Befragten sagen inzwischen, sie fühlten sich durch den Job „abgearbeitet und verbraucht". Knapp 40 Prozent beklagen: „Familie und Freunde kommen durch den Job zu kurz."

**Zwar kennen** viele Menschen auch den Stolz darauf, mit der Überforderung irgendwie fertigzuwerden. Andere blühen bei Stress erst auf. Doch die Zahl derjenigen, die kapitulieren und nicht wegen körperlicher, sondern wegen psychischer Krankheiten vorzeitig in Rente gehen, nimmt zu. In den vergangenen 20 Jahren ist sie von 15 auf 43 Prozent aller Frührentner gestiegen und lag 2018 bei über 71 500 neu Ausgemusterten – mehr als die Einwohnerzahl einer Stadt wie Weimar. Glückwunsch zum Absprung in ein fröhliches Lotterleben!? Eher nicht: Im Durchschnitt sind die Betroffenen 50 Jahre alt; ihre Rentenansprüche lagen bei 800 Euro.

Doch sobald sich das Eiltempo wieder mit Terminen und To-do-Listen ins Leben drängt, verscheucht es die zentrale Frage: Weshalb ist es anscheinend unmöglich, all die in den vergangenen Jahrzehnten gestiegene ökonomische Produktivität und Effizienz in Muße und Zeit zum Durchatmen umzuwandeln? Was ist wann warum aus dem Ruder gelaufen? Wo ist die Bremse gegen die Rastlosigkeit?

Die Antwort braucht etwas Muße. Nehmen Sie zum Lesen Platz! Wenn kein Diwan zur Verfügung steht, reicht eine Couch, die mit dicken Polstern und reichlich Kissen das Herumlümmeln erleichtert. Billy Ehn und Orvar Löfgren, zwei schwedische Ethnologen, feiern dieses Möbelstück mit seiner „Aura der Behaglichkeit" in ihrem Buch „Nichtstun": Als Zwischending zwischen Stuhl und Bett weder für tiefen Schlaf noch für äußerste Wachheit gedacht, gewähre die Couch einen „Durchlass zur Welt" und lade zu „riskanten Gedanken" ein.

Bitte sehr! Als Akteure im Drama um Arbeit und Faulheit, Hektik und Muße treten auf: Gott, Lenin und der Schwiegersohn von Karl Marx. Herr Stürmer, der erhellende Rechnungen aufstellt. Herr Rosa, der erklärt, dass Speeddating und Power-Nap uns nicht erlösen werden. Bronnie Ware, die das Leben vom Ende her betrachtet. Und die „Generation Y", die alte Fragen neu beantwortet. Gott gebührt der Anfang. Denn die Bibel

will, soll er auch nicht essen." Im Mittelalter erklären die Geistlichen dann die Faulheit zur Todsünde Nummer sieben.

Die Arbeiterbewegung ließ sich die Chance entgehen, statt der religiösen Überhöhung des Schuftens das Hohelied der Muße zu predigen. Karl Marx und seine Nachfolger geißelten zwar die Ausbeutung des Proletariats durch entfremdete Arbeit. Das berühmte Marx-Zitat, im Kommunismus mit seiner klassenlosen Gesellschaft habe irgendwann jeder die Chance, „morgens zu jagen, nachmittags zu fischen, abends Viehzucht zu treiben", ist für ihn aber kein Alibi für Schlendrian. Es bedeutet nur, dass der Einzelne nicht auf ein und dieselbe Arbeit festgelegt sein soll.

Wie stark die christliche Arbeitsmoral auch das sozialistische Gedankengut durchdringt, hat Wolfgang Kraushaar, Politologe am Hamburger Institut für Sozialforschung, analysiert: „Müßiggänger schiebt beiseite!", singen Parteigänger der Arbeiterbewegung bis heute, wenn sie die „Internationale" anstimmen. Und das Zitat aus dem Paulus-Brief, dass, wer nicht arbeitet, auch nicht essen soll, hat Lenin – ohne Quellenangabe – gern verwendet; Stalin schrieb den Satz dann 1936 in die Verfassung der UdSSR. Das „Recht auf Faulheit" zu verteidigen, wagte damals nur Paul Lafargue, Arzt, Sozialist und Schwiegersohn von Karl Marx. Im Jahr 1880 veröffentlichte er in Paris seine gleichnamige Streitschrift. Darin klagte er, ein „sonderbarer Wahnsinn" habe die Arbeiterklasse überwältigt: „die morbide, leidenschaftliche Arbeitssucht, die bis zur Erschöpfung der Lebenskräfte des Einzelnen und seiner Nachkommen getrieben wird". Sein Vorschlag zur Abhilfe: ein „ehernes Gesetz, das jedermann verbietet, mehr als drei Stunden täglich zu arbeiten".

Die Idee verführt zu einem kleinen Gedankenspiel zwischendurch. Wie viel Muße könnten wir uns heutzutage in Deutschland eigentlich erlauben, wenn wir uns mit dem Lebensstandard von vor 50 Jahren zufriedengäben, aber die Technik von heute nutzen könnten? Die Frage ist frech und fiktiv, aber Martin Stürmer, promovierter Makroökonom an der Universität Bonn, hat vor einiger Zeit einmal die Jahre 1963 und 2013 verglichen.

Im Jahr 1963 war das Leben in Westdeutschland anspruchsloser, aber nicht ärmlich. Es ist das Jahr, in dem die Ära Adenauer endet und Ludwig Erhard Kanzler

*»Wanderer, nur deine Spuren sind der Weg, sonst nichts«*

Antonio Machado

hat großen Anteil daran, dass wir uns Couch und Default Mode Network nicht öfter gönnen.

### *Gott und Lenin Seit' an Seit': Faulenzen ist Sünde*

**Das Alte Testament erzählt es so:** Kurz nach der Schöpfung, die Menschheit war noch zu zweit, endete die Zeit des paradiesischen Nichtstuns gleich wieder. Gott vertrieb Adam und Eva aus dem Garten Eden, verfluchte den Acker, von dem sie sich fortan nähren sollten, ließ Dornen und Disteln darauf wachsen und sprach: „Im Schweiße deines Angesichts sollst du dein Brot essen." Aus der Bibel sind zwei weitere Stellen berühmt, die das Nichtstun verdammen. In Psalm 90 heißt es: „Das Leben währet siebzig Jahre, und wenn es hochkommt achtzig, und wenn es köstlich ist, so ist es Mühe und Arbeit gewesen" – der letzte Halbsatz ist häufig auf Grabsteinen zu finden. Und Paulus gibt in seinem Brief an die Thessalonicher das Gebot vor: „Wenn jemand nicht arbeiten

wird. Jeder achte Bundesbürger besitzt ein Auto. Der Käfer fährt mit gemächlicher Höchstgeschwindigkeit von 115 Stundenkilometern. Die Fußballbundesliga nimmt ihre erste Spielzeit auf.

**Stürmer hat das** bescheiden wirkende Bruttoinlandsprodukt von 1963 in Westdeutschland (nominal 378 Milliarden D-Mark) zu jenem 50 Jahre später (2,74 Billionen Euro) in Beziehung gesetzt, er hat Anzahl und Arbeitsstunden der Beschäftigten ins Kalkül gezogen und Formeln für Kaufkraftveränderungen und Inflation einberechnet. Ergebnis: Die Produktivität hat sich verdreifacht; was 1963 drei Produktionsstunden verlangte, ließ sich 50 Jahre später in einer Stunde herstellen.

Heutzutage kämen wir für das Bruttoinlandsprodukt von 1963 vermutlich mit weniger als einem Drittel der damaligen Durchschnittsarbeitszeit aus, mit noch nicht einmal 16 Stunden pro Woche.

Das wären nur etwas mehr als jene drei Stunden pro Werktag, die Lafargue sich in seinem „Recht auf Faulheit“

*»Um zu begreifen, dass der Himmel überall blau ist, braucht man nicht um die Welt zu reisen«*

J. W. von Goethe: »Wilhelm Meisters Wanderjahre«

ausgemalt hat. Natürlich kommen diese nur zustande, weil sich die Welt ganz anders entwickelt hat, als er sich das damals wünschte. Die Leistungslust zog Produktivitätszuwächse und hohe Investitionen nach sich. Dennoch gibt das Ergebnis zu denken. Wäre nicht eine Gesellschaft vorstellbar, die einen klugen Kompromiss fände – die nicht ganz so dynamisch wäre, dafür aber mehr Muße erlaubte?

**Eine solche** „mußologische" Utopie würde zugleich das Dilemma lösen, dass die Erde eine Wirtschaft, die immer weiter wächst, nicht verkraftet. Der galoppierende Fortschritt hat ja nicht nur psychischen Stress mit sich gebracht, sondern auch Probleme wie Klimawandel, Umweltverschmutzung und Finanzkrisen ausgelöst. Ein entschleunigtes Dasein böte Entlastung: Zeit- statt Geldwohlstand. Weniger Hektik und mehr selbstzufriedenes Herumschildkröteln à la Gerhard Polt.

Ein riskanter Diwan-Gedanke – doch zunächst erst einmal zurück zu Bibel und Sozialisten. Die reale Entwicklung nahm eine unvorhergesehene Richtung: Konsumismus statt Kommunismus. Das christliche Arbeitsethos blieb bestimmend, zugleich aber lief die Maschinisierung zur Hochform auf und entlastete die Beschäftigten. Aus 72 Wochenstunden wurden erst 48 an sechs Werktagen pro Woche, dann 40 an fünf Tagen. Die Zahl der Urlaubstage stieg.

Die Löhne reichten, um Zeitspar-Erfindungen wie Waschmaschinen, Kühlschränke, Geschirrspüler anzuschaffen und die gewonnene Zeit für Sport, Kultur, Urlaubsreisen und Zerstreuung zu nutzen. Freizeitaktivitäten zu erfinden und zu organisieren entwickelte sich zu einem eigenen, wichtigen Wirtschaftszweig. Die Tücke dabei: Nicht nur während der Arbeit, sondern auch danach galt nun der Imperativ des Schneller-Weiter-Mehr: Golf GTI mit 220 PS statt Käfer mit 34 PS, Bali statt Bodensee, „Emotion Spa" statt Badewanne.

*»Gehe nicht, wohin der Weg führen mag, sondern dorthin, wo kein Weg ist, und hinterlasse eine Spur«*

Jean Paul

Dass wir den Konsum- und Erlebnis-Imperativ so brav befolgen, hat auch damit zu tun, dass die Bibel ihre Kraft verloren hat. Der Glaube an ein Leben nach dem Tod ist uns abhanden gekommen. Ohne Jenseitserwartung fühlt sich der Einzelne gefordert, sein Glück im Hier und Jetzt zu schmieden und die irdische Zeitspanne so intensiv und umfassend wie möglich zu nutzen. Das Ergebnis: ein Leben, in dem unheimlich viel passiert und in dem dennoch, wie der Soziologe Hartmut Rosa konstatiert, „Zeithungersnot" herrscht.

Kein Paradies für Mußeliebhaber.

### *Leben auf dem rutschenden Abhang*

**Hartmut Rosa** lehrt an der Universität Jena und ist seit seinem 537-Seiten-Buch „Beschleunigung" die wissenschaftliche Autorität für Zeit-Fragen. Seine Erkenntnis: In der Hightech-Gegenwart hat sich die Geschwindigkeit dermaßen erhöht, dass die Menschen es schwer haben, mit ihrem selbst gemachten Tempo noch Schritt zu halten.

Für Rosa gleicht die Situation unserer Zeit einem „slipping slope", einem rutschenden Abhang. Eine feste Position, von der aus man „in Ruhe" Entscheidungen treffen könne, existiere nicht mehr. Für Muße ist unter diesen Umständen wenig Platz. Wer sich nicht ständig um Aktualisierung bemühe, werde „anachronistisch in seiner Sprache, seiner Kleidung, seinen Adressbüchern, seinem Welt- und Sozialwissen, seiner Freizeitausrüstung, seiner Altersversicherung und Geldanlage …“

Das liegt einerseits an der technischen Beschleunigung, die immer schnellere Produktzyklen in der Warenwelt erzeugt, mehr Konsumgüter ausstößt, für deren rasantere Verbreitung sorgt. Dazu kommt die globale Vernetzung der Informationsströme; immer mehr Nachrichten sind überall zeitgleich verfügbar, die Breaking News von CNN genau wie die kleine Twittermeldung.

All das steigert auch das Tempo im Privaten. Ein Leben im ständigen Update-Modus bedeutet, immer auf dem Sprung zu sein: für einen interessanteren Studienplatz, für ein Auslandssemester, für das nächste Praktikum, einen Job auf Zeit, eine Karriere in einer neuen Stadt, einen neuen Lebenspartner. Daran hat auch Corona grundsätzlich nichts geändert.

*»Haltet die Uhren an. Vergesst die Zeit. Ich will euch Geschichten erzählen«*

James Krüss

Um sich „auf dem Laufenden“ zu halten und mehr Input pro Zeiteinheit zu verkraften, hat sich eine Steigerung der Intensität eingeschlichen: die Verkürzung der Essdauer beispielsweise – die weltweiten Einnahmen von Fast Food à la McDonald's stiegen zwischen 1970 und heute von sechs auf mehr als 570 Milliarden US-Dollar. Oder der Verzicht auf Pausen. Jeder fünfte Beschäftigte verkürzt laut einer Umfrage die bei der Arbeit vorgeschriebenen Pausenzeiten, zehn Prozent verzichten häufiger völlig darauf. Auch private Leerzeiten schwinden. „Generation head down“ heißt der Spitzname für die Jungen, die sich mit gebeugten Köpfen durch die Welt bewegen, den Blick auf den Touchscreen gerichtet, den Kopfhörerknopf im Ohr, den Coffee-to-go-Becher in der Hand.

Smartphones gehören zur jüngsten Generation der Zeitfresser. Sie okkupieren jede Lücke, die früher Pause war: Gewischt, gelesen, gesimst, gesurft, gespielt, fotografiert wird im Zug, sogar noch auf der Rolltreppe, in der Kirche und im Theater. Es gibt einen Trend zu Selfies beim Sex, und laut einer Umfrage aus den USA nehmen zwölf Prozent der Smartphone-Besitzer das Gerät auch mit in die Dusche. Doch selbst mit Fast Food, Speeddating und Power-Nap hasten wir der Beschleunigung vergeblich hinterher. Die Zeit reicht oft genug trotzdem nicht aus, um zu schaffen, was wir uns vorgenommen haben; es gibt ja immer noch mehr zu tun. Die Folge sind Kurzschlussreaktionen. Um nicht unterzugehen, reagieren wir oft zuerst auf die Anforderungen, die gerade frisch hereinkommen und nicht viel Zeit kosten – in der vagen Hoffnung, uns dann später in Ruhe dem widmen zu können, was mehr Aufmerksamkeit braucht. Das Langfristige bleibt dann doch oft auf der Strecke. Rosa schreibt von dem „verbreiteten Gefühl“, für die „‚eigentlich wichtigen Dinge‘ des Lebens – ungeachtet der Menge der Freizeitressourcen – keine Zeit mehr zu haben.“

**Wer könnte** die Notbremse ziehen? Einen Rückwärtsgang sieht der Fortschritt nicht vor. Auch Regierende und Parlamentarier hecheln den Tagesereignissen hinterher. Finanzkrise, Eurorettung, Terrorgefahr, Klimawandel, Energiewende, Schutz der Privatsphäre, Corona-Pandemie – Zahl und Komplexität der Entscheidungen nehmen zu, der Zeitrahmen für Lösungen schrumpft. Langzeitprobleme werden an Expertenkommissionen und Weisenräte delegiert, deren Empfehlungen dann doch nicht zum Zuge kommen. Denn es gilt, mit schnellen Lösungen das Schlimmste abzuwenden, das Dringlichste zu beschließen: Soforthilfen, Rettungspakete. Auch dabei bleibt das Beschleunigungsdogma heilig.

„Man lebt für heute, man lebt sehr geschwind, man lebt sehr unverantwortlich: Dies gerade nennt man ‚Freiheit'", schrieb Friedrich Nietzsche – klingt wie ein Kommentar zur Jetztzeit.

## *Die Tiger-Strategie: viel schlafen!*

**Und wo wächst die Hoffnung,** das „Rettende", das Hölderlin bei Gefahr aufleuchten sah? Fred Luks, Volkswirt und Nachhaltigkeitsforscher, ist überzeugt, dass die Welt voller Möglichkeiten steckt, „die nicht mit Effizienz und Beschleunigung und Expansion und Naturverbrauch zu tun haben, sondern mit Genuss und Lust und Freude und Schönheit und Muße". Sein Rat: „Relax! Entspannen Sie sich!" Wahrscheinlich muss, wer sich dem Diktat der Beschleunigung entziehen will, mit genau dieser banal anmutenden Empfehlung anfangen.

Wie würden Menschen in einer Gesellschaft leben, die sich an Luks' Prinzipien Genuss, Lust, Freude, Schönheit, Muße orientiert? Würden wir vom Künstlerdasein lernen, bei dem die Hauptrolle nicht Geld und Besitz spielen, sondern Farbe, Poesie und eine starke Hingabe an die eigenen Projekte? Das könnte ja „Postwachstum" bedeuten: Das, was man schon tut, zu intensivieren und als Bereicherung zu empfinden, statt auf eine nächste, scheinbar spektakulärere Aktion zu schielen.

Einige Initiativen experimentieren damit, Muße zum Schwerpunkt ihrer „Arbeit" zu erheben. Der 1990 in Klagenfurt gegründete „Verein zur Verzögerung der Zeit". Die Slow-Food-Gruppen mit ihrer Vorliebe für geruhsames und genussvolles Kochen und Essen. Die „Idler" in England, die ihre Kultur der langsamen Lebensart mit einem Magazin und einer Müßiggänger-Akademie fördern, und die „Cloud Lovers", die den Blick gen Himmel richten, um Wolkenpoesie zu erleben. Und für knapp 6,5 Millionen Euro darf der Sonderforschungsbereich 1015 der Universität Freiburg unterschiedlichste Aspekte der Muße akademisch unter die Lupe nehmen.

»Einen Tag ungestört in Muße zu verleben heißt, einen Tag lang ein Unsterblicher zu sein«

Chinesisches Sprichwort

Privat erobern sich Menschen, die es sich leisten können, Entschleunigungsoasen durch Arbeitszeitverkürzung, Sabbaticals, Elternzeit oder Urlaub zu Hause statt in Übersee. Fast jeder Sportverein wirbt mit fernöstlichen Entspannungskünsten. Doch es muss gar keine Exotik sein – Abschalten können die meisten von uns noch immer am besten „in der Natur" und beim „Spazierengehen".

Sich dem Sog der Beschleunigung nicht auszuliefern und mehr Natur, mehr Spaziergänge und mehr Nichtstun ins Leben zu integrieren braucht allerdings Willensstärke. Muße gewinnt nur, wer „Nein" sagt, wenn es zu viel wird – auch wenn der innere Zeitfresser-Konjunktiv lockt mit seinem „eigentlich sollte ich aber noch" und „man könnte doch schnell mal zwischendurch". Gegen die nervöse Skepsis von Überaktiven hilft ein Verweis auf das Tierreich. Dort gehören die Stärksten zu den Faulsten: Tiger verschlafen knapp 16, Löwen 13,5 Stunden des Tages. Selbst die sprichwörtlich fleißigen Bienen schlummern – je nach Alter und Aufgaben im Volk – immer wieder wenige Minuten bis hin zu einigen Stunden.

Noch stärker zu denken geben die Erfahrungen von Bronnie Ware, jener Australierin, die in England acht Jahre lang Sterbende in einer Palliativstation gepflegt hat. In einem Blog und später in einem Buch hat sie eine Top-5-Liste der Dinge aufgeschrieben, die ihre Patienten beim Rückblick auf ihr Leben bereut haben. Rang 1: „Ich wünschte, ich hätte den Mut gehabt, mein eigenes Leben zu leben." Rang 2: „Ich wünschte, ich hätte nicht so viel gearbeitet."

Diese Sicht vom Ende her könnte der Schlüssel zu einer entspannteren Zukunft sein. Und sie lenkt den Blick auf jene, die damit experimentieren, es besser zu machen: die jungen Erwachsenen, die der sogenannten Generation Y angehören. Als deren Mitglied gilt, wer um die Jahrtausendwende Teenager war, heute also ungefähr Anfang, Mitte 30 ist. Der Beiname „Y", im Englischen ausgesprochen wie „why", warum, klingt wie ein Programm: Es ist die Generation der Hinterfrager. Die Kinder der Tempo- und Multi-Options-Gesellschaft mussten früh lernen, wählerisch zu sein und herauszufinden, was für sie selbst wichtig ist.

Mit Mitte 20 haben viele von ihnen schon reichlich mehr Lebens- und Welterfahrung gesammelt als die Generationen vor ihnen: einerseits interessante Aus-

## »Stress ist kein Naturgesetz«

*Wie der Blick auf andere Gesellschaften die Maßstäbe zurechtrückt*

GEO WISSEN: *Herr Professor Dobler, Sie sind als Ethnologie-Professor an der Universität Freiburg im Vorstand des Sonderforschungsbereichs „Muße" engagiert und forschen dazu unter anderem in Namibia. Was interessiert Sie dort?*

PROF. GREGOR DOBLER: Ich stelle in Namibia und anderen armen Ländern oftmals fest, dass Menschen deutlich weniger gestresst sind als hier, obwohl sie eigentlich viel stärker damit beschäftigt sind, ihren Lebensunterhalt zu verdienen. Formuliert man das so, hört es sich schnell an wie: „arm, aber glücklich". Das meine ich nicht. Aber die Koordinaten bezahlte Arbeit, Familie, Freizeit, Gemeinschaft, Lebensunterhalt, Wohlstand sind dort ganz anders verknüpft. Das haben wir untersucht, in einem Vergleich zwischen Bauern in Namibia und Frankreich.

*Was hat sich dabei herausgestellt?*

In Frankreich entsteht Unzufriedenheit mit dem eigenen Alltag durch zu viel Arbeit und durch Strukturveränderungen, die es unmöglich machen, so zu arbeiten, wie man möchte. In Namibia sind vor allem die vielen jungen Leute unzufrieden, die keine Arbeit finden und deshalb schlechter am gesellschaftlichen Leben teilnehmen können. Beides erzeugt ganz unterschiedliche Arten von Stress. In Frankreich wird Muße durch zu geringe Freiräume verhindert, in Namibia durch zu viel leere Zeit.

Der Ethnologe Gregor Dobler hat den Alltag von Landwirten in Frankreich und Namibia verglichen

*Warum sind wir in den Industrieländern eigentlich trotz Wohlstands und Freizeit nicht ausgeruhter? Weil wir nicht mehr fähig sind, etwas einfach geschehen zu lassen?*

Wir haben den Anspruch, alles selbst zu bestimmen: unser Verhältnis zur Welt, unsere Glaubenssysteme, unsere Ideen, wie man leben sollte, unseren Ort in der Gesellschaft, das Produkt unserer Arbeit. Das schafft große Entfaltungsfreiheit, aber auch enorme Anforderungen. Die Muße ist auch deshalb in Europa so wichtig geworden, weil sie verspricht, dazwischen zu vermitteln. Die Muße ist unser Problem, nicht das von Leuten in Namibia. Deren Problem ist die Armut.

*Können wir Westeuropäer dann dennoch dort etwas über Muße lernen?*

Eigentlich brauchen wir keine Menschen in fernen Ländern, um etwas über Muße zu lernen. Wir wissen ja schon recht genau, was uns nicht guttut: Es strengt uns an, dass sich die Arbeit immer mehr über unser Leben ausbreitet; dass wir ständig erreichbar sind; dass wir die freie Zeit von der gleichen Logik bestimmen lassen, indem wir sie mit Ablenkung anstatt mit Muße und Sammlung verbringen. Um daran etwas zu ändern, sollten wir keine Rezepte aus fremden Gesellschaften übernehmen; wir müssen unsere eigene Gesellschaft verändern. Aber der Blick auf fremde Gesellschaften kann bei der Analyse helfen. Wir merken dann, dass andere Menschen in andere Zwänge eingebunden sind als wir, und stellen daran fest, dass Stress kein Naturgesetz ist, sondern der Preis, den wir im Moment für unsere Gesellschaftsform zahlen.

bildungsgänge und Reisen in ganz andere Kulturen. Andererseits Praktikums- und Befristete-Jobs-Odysseen, bei denen Firmen das jugendliche Engagement gern annehmen, aber schlecht bezahlt und nicht auf Dauer. Und die Erkenntnis, dass die Versprechen einer „Leistungs"-Gesellschaft sehr hohl sein können in einer EU, die in einigen Ländern eine enorme Jugendarbeitslosigkeit toleriert. In einer Welt, in der die Kluft zwischen Arm und Reich größer wird.

**Das Leben dieser** Generation gleiche oft „einer Achterbahnfahrt mit Ausprobieren, Zweifeln, Scheitern, Orientierungslosigkeit, Neustart", heißt es in der Studie „Die Super-Opportunisten" des Schweizer Gottlieb Duttweiler Instituts. Ihr Kennzeichen: Anpassungsfähigkeit und hohe Ich-Bezogenheit, jedoch verbunden mit „ethischen Ansprüchen". Materieller Besitz sei für viele eher „Ballast", der nur verpflichte und binde. Und Couchsurfing mache ihnen mehr Spaß als die Langeweile im Businesshotelzimmer.

Diese Werthaltung unterläuft den Schneller-Weiter-Mehr-Imperativ der vorigen Generation. Und sie könnte sich als ansteckend erweisen, als jene „Notbremse", die wir nach Meinung von Hartmut Rosa im Beschleunigungs-Zeitalter so dringend benötigen.

Das eigene Leben vom Ende her betrachten! Gute Aussichten für Mußeliebhaber. Schlechte Zeiten für Burn-out-Kliniken. ‹

# So gelingt die Rente mit 40

Wer genügsam ist und klug spart, kann früh ***aus dem Beruf aussteigen*** – und persönliche Freiheit gewinnen

**Text:** Silke **Gronwald**

Früher habe er auch schon mal Wellnessurlaub im Fünf-Sterne-Luxusresort gemacht, erzählt Florian Wagner, 33, aus Stuttgart. Das war in der Zeit, als er noch als Projektmanager in der Automobilbranche arbeitete. Er verdiente gut, und mit jeder Gehaltserhöhung stieg auch sein Lebensstandard.

Bis er sich irgendwann fragte: Soll es ewig so weitergehen, will ich so leben? In einer Art hedonistischer Tretmühle – immer mehr Sachen anhäufen und dafür immer mehr schuften? In einem Job, der mich nicht ausfüllt?

Wagner kündigte seine Festanstellung, verschlankte seine Ausgaben. Wenn er heute Urlaub macht, fährt er mit dem Fahrrad über die Alpen. Zehn Tage für 400 Euro. Das macht ihn glücklich. „Ich bin irgendwann mal in mich gegangen und habe mich gefragt, welche waren eigentlich deine schönsten Urlaube?“ Die mit den riesigen Büfetts? Oder die mit Bewegung, Freunden und tollen Naturerlebnissen?

Er stellte fest: „Im Bergsee zu schwimmen und danach ein Bier zu trinken gibt mir mehr, als mit dem Cocktail in der Hand am Infinity Pool zu dösen.“ Wagner ist Teil einer Bewegung, die in den USA unter dem Namen „FIRE“ bekannt ist: Financial Independence, Retire Early. Es geht darum, finanziell unabhängig zu werden, um früh in den Ruhestand zu gehen.

FIRE-Anhänger wollen dem Druck in Karrierejobs entfliehen und unabhängig über ihre Lebenszeit entscheiden. Anstatt die üblichen Sprossen der Karriereleiter zu erklimmen, wollen sie die Lebensarbeitszeit auf ein bis zwei Jahrzehnte eindampfen und die Rente dafür auf fünf bis sechs Jahrzehnte ausdehnen. Das Geld dafür wollen sie zuvor selbst verdienen.

Es ist eine Art Lebensphilosophie, die das Glück mithilfe von Genügsamkeit, Konsumverzicht und Ressourcenschonung sucht. „Mein Ziel ist nicht das volle Konto, sondern die Freiheit, zu tun, was ich möchte“, sagt Wagner.

In Deutschland nennen sich die Anhänger der Bewegung Frugalisten. Der englische Begriff „frugal“ meint im Deutschen „genügsam“ und bekam eine besondere Bedeutung mit dem Buch „Your Money or Your Life“ – „Dein Geld oder dein Leben“ aus dem Jahr 1992. Auch dank des Internets verbreitete sich die Idee des Frugalismus schnell rund um den Globus. Heute tauschen sich die Anhänger weltweit in Facebook-Gruppen und Blogs über die besten Spartipps aus, entwerfen Rentenrechner und informieren über Anlagestrategien.

Wie viele Menschen in Deutschland sich für einen frugalen Lebensstil entschieden haben, weiß niemand so genau. Denn es gibt keine Dachorganisation, die ihre Mitglieder zählt, ja, es gibt noch nicht mal eine Definition, ab wann man eigentlich frugal ist.

Ein prominenter Verbreiter der Bewegung ist der kanadische Blogger Peter Adeney, besser bekannt unter seinem Pseudonym Mr. Money Mustache. Der Softwareingenieur, inzwischen Mitte 40, setzte sich mit Anfang 30 zur Ruhe. Er wollte eine Familie gründen, Zeit für sie haben. Dafür sparte der Gutverdiener über einige Jahre hinweg einen sechsstelligen Dollarbetrag an. Irgendwann hatte er so viel zusammen, dass er von den Kapitalerträgen leben konnte, ohne die Gesamtsumme antasten zu müssen.

Mr. Money Mustache ist das große Vorbild von Florian Wagner. Bei ihm holt er sich viele Anregungen. Genau wie der Amerikaner gründete auch Wagner einen eigenen Blog. Auf Geldschnurrbart.de postet er regelmäßig seinen aktuellen Vermögensstand, Ende 2020 waren es 257 173 Euro. Er dokumentiert zudem seine Anlagestrategien und gibt Ratschläge für einen simplen Lebensstil.

Aber wie soll es einem Normalverdiener gelingen, mit 30, 40 oder 50 in Rente zu gehen? Die Antwort lautet: Lebe unter deinen finanziellen Möglichkeiten und investiere, was übrig bleibt. Und das funktioniert nach den folgenden Prinzipien:

## Die Vier-Prozent-Regel

Wie viel Geld brauche ich auf der hohen Kante, um auszusteigen? Eine Faustformel hilft bei der Planung, die Vier-Prozent-Regel. Sie ist das Kernelement der Frugalismus-Bewegung. Laut dieser Formel kann man sich ab Rentenbeginn jährlich bis zu vier Prozent von seinem Vermögen auszahlen lassen, ohne dass es ausgeht.

Das Konzept beruht auf Studien aus den 1990er Jahren, die Aktien-Anleihen-Mischportfolios untersuchten, berechnet auf 30 Rentenjahre. Natürlich bleiben Unwägbarkeiten, etwa zukünftige Renditen. Die Frugalisten sehen das entspannt: Sie könnten ja zur Not hinzuverdienen.

Die Vier-Prozent-Regel hat einen weiteren Nutzen. Damit lässt sich auch umgekehrt errechnen, welches Vermögen man für den Ruhestand braucht, ohne langfristig pleitezugehen. Die Kalkulation: Wer das 25-Fache seiner Jahresausgaben besitzt, kann sich jährlich vier Prozent dieser Anfangssumme auszahlen. Bei beispielsweise monatlichen Kosten von 2300 Euro brauchte man 690 000 Euro, das 25-Fache des Jahresbudgets. Um dieses Vermögen aufzubauen, kommt es sowohl auf das Einkommen als auch auf die Ausgaben an.

## Die Sparquote

So viel wie möglich zur Seite legen ist das A und O beim Frugalismus. Viele sparen 40 bis 80 Prozent ihres Einkommens. Je höher die Sparquote, desto früher die Rente.

## Kluges Investieren

Das Gesparte kommt nicht aufs Sparbuch, wo es keine Zinsen abwirft, sondern wird an der Börse investiert. Das Ziel ist, passives Einkommen durch Kapitalerträge zu erzielen, also durch Zinsen, Dividenden und steigende Kurse. Der Vermögensaufbau ist einer der wichtigsten Bausteine des Frugalismus. Man muss aber kein Aktienexperte sein. Ein guter Weg ist beispielsweise, in einen Indexfonds (ETF) zu investieren, der die Konjunktur der Weltwirtschaft abbildet, etwa der MSCI World. In den vergangenen zehn Jahren erreichte er im Schnitt gut sieben Prozent Rendite im Jahr.

## Die 30-Tage-Frist

Florian Wagner fragt sich vor jeder Ausgabe, vor jeder Anschaffung, wie viel Lebensfreude bekomme ich langfristig dadurch? Macht mich die teure Reise wirklich glücklicher, als mit Freunden zum Badesee zu radeln? Wie wichtig ist das neue Smartphone? Eine Nacht drüber schlafen? Nein, viel zu kurz. Florian Wagner wartet grundsätzlich 30 Tage. Ist er danach immer noch überzeugt, dass er den neuen Gegenstand braucht, kauft er ihn.

Florian Wagner will so viel Vermögen ansparen, dass er schon in wenigen Jahren keinen Job mehr braucht

## Der Routinecheck

Die meisten Menschen sind so in ihrem Alltag gefangen, dass sie kaum die eigenen Gewohnheiten hinterfragen: Bringt mir der überteuerte Coffee to go am Morgen wirklich so viel Lebensgewinn? Ist es mir das kurzfristige Vergnügen wert? Oder: Steige ich nur aus Gewohnheit jeden Morgen ins Auto, oder könnte ich meinen Arbeitsplatz nicht genauso gut mit dem Fahrrad erreichen und damit nicht nur Geld sparen, sondern auch noch etwas für meine Gesundheit und die Umwelt tun?

So ein Ausbruch aus der Komfortzone wirkt sich nicht nur positiv auf das Vermögen aus, er lässt einen auch innerlich wachsen.

## Die Billig-Falle

Wer billig und neu kauft, kauft oft teuer. Dinge mit geringer Qualität sind keine gute Investition, weil sie schnell kaputtgehen und keinen hohen Wiederverkaufswert haben – nachhaltig sind sie auch nicht. Es geht darum, bewusster zu konsumieren. Florian Wagner hat beispielsweise sein Fahrrad, ein gutes Markenrad, gebraucht gekauft. Er pflegt es, um es in ein paar Jahren für nahezu den gleichen Preis wieder zu verkaufen. Dieses Prinzip lässt sich auf viele Gebrauchsgegenstände übertragen.

## Die Glücksbilanz

Warum muss ich die neuen Schuhe, das teure Auto, das neueste Handymodell haben? Um meine Freunde, meine Nachbarn oder Kollegen zu beeindrucken? Um mich vom Frust bei der Arbeit zu trösten? Oder weil es mich wirklich glücklich macht? Wie will ich eigentlich leben, und was mache ich nur, um gesellschaftliche Normen zu erfüllen?

Glücksforscher sagen, wichtig sind stabile Beziehungen, Geselligkeit und Gesundheit – Luxusgüter sind nicht entscheidend. Die Vereinten Nationen definieren die Glücks-Grundbedingungen noch schlichter: ausreichendes Essen und sauberes Wasser, mindestens sechs Quadratmeter Wohnraum, einen Platz zum Kochen und eine sechsjährige Schulbildung.

Für Wagner ist es mittlerweile gar nicht mehr das Ziel, mit 40 Jahren abrupt aufzuhören: „Es ging mir nie darum, nur zu faulenzen, den ganzen Tag in der Hängematte zu liegen." Nichtstun macht nicht glücklich, glaubt er. Sondern sein Tun und Lassen selbst wählen zu können. „Ich merke, wie mich das immer gelassener macht." ‹

# Vom Genießen *und Verzweifeln*

Wer in das Ökodorf Sieben Linden zieht, wird Teil einer Gemeinschaft. Die Bewohner versuchen so **nachhaltig und naturnah** wie möglich zu leben. Vereint schaffen sie das. Aber das enge Zusammenleben macht nicht alles einfacher. Manchmal ist es sogar richtig anstrengend

**Text:** Diana **Laarz**

**Fotos:** Roman **Pawlowski**

Katja Riedel wohnte in Berlin und wünschte sich einen Garten. Nun leitet sie die Gärtnerei in Sieben Linden

Vor allem junge Familien zieht es in das Ökodorf. Dort leben etwa 100 Erwachsene und 40 Kinder

# *bei* **den** **Sieben** *Linden*

Die »Villa Strohbunt« wurde allein in Handarbeit errichtet – und hauptsächlich aus Holz, Strohballen und Lehm

Morgens um sieben Uhr in Deutschland. Irgendwo im Nirgendwo zwischen Wolfsburg und Salzwedel. Das Dorf heißt Sieben Linden. Das Team der Gärtnerei beginnt mit der Arbeit, wenn die Sonne draußen das Licht anknipst.

Der Chinakohl ist abgeerntet, nun ist der Rucola dran. Zwei Frauen knien in der Erde der Altmark. Satoshi Hirsch fragt: „Katja, wie penibel bist du mit dem Mehltau?“ Und Katja Riedel sagt: „Lass den Rucola stehen, der befallen ist, den hauen uns die Köche sonst um die Ohren.“

Riedel trägt ein Kopftuch über der Mütze gegen die Morgenkälte. Um die Frauen herum beginnt der Herbst zu leuchten.

Die Sieben-Lindener nennen ihr Zuhause „Ökodorf“. Seit 1997 baut eine Gemeinschaft rund um einen ehemals verfallenen Hof einen Ort auf. 140 Menschen – 100 Erwachsene, 40 Kinder – leben dort inzwischen, einige immer noch in Bauwagen, andere in großen Wohnhäusern aus Holz, Strohballen und Lehm.

Wer in Sieben Linden wohnt, wird Teil einer Solidargemeinschaft, die sich vorgenommen hat, naturnah zu leben und auf vieles zu verzichten. Es sieht aus wie ein einfaches Leben.

Und sehr oft gibt es in Sieben Linden diese scheinbar perfekten Momente: Frieden und Ruhe oder ausgelassene Freude. Wie an diesem Oktobermorgen, als zwei Frauen mit sicheren Handgriffen und wenigen Worten die Ernte des Tages einholen. Jetzt ist der Lauch dran. Katja Riedel sagt zu Satoshi Hirsch: „Ich lockere ihn, du ziehst ihn raus.“

Riedel kommt aus Leipzig und hat zehn Jahre lang als Sozialpädagogin in Berlin gearbeitet. Ein Stadtmensch. Seit acht Jahren lebt sie in Sieben Linden, nach ihrem Umzug tauchten in ihren Träumen mit Häusern bepackte Straßenzüge auf. Das ist längst vorbei.

Katja Riedel leitet jetzt mit einem anderen Sieben-Lindener das Gärtner-Team und bewirtschaftet 1,25 Hektar Nutzfläche: Rucola, Kartoffeln, Brokkoli, Erdbeeren und über 50 andere Kulturen.

Eigentlich unterscheidet sich ihre frühere Tätigkeit als Sozialpädagogin nicht so sehr von ihrer jetzigen Arbeit im Garten. Beides ist sinnstiftend und erschöpfend, ein Dienst für die Gemeinschaft. Aber Sieben Linden fühlt sich anders an als Berlin. „Ich verzichte auf Lärm, Autos und Anonymität“, sagt Riedel. Der Sinn ihrer Arbeit ist jetzt offensichtlicher. Der Lauch, den sie morgens mit ihren Händen aus dem Boden zieht, steht abends in großen Schüsseln auf dem Büffet im Gemeinschaftshaus.

Mit ihrem Garten decken die Sieben-Lindener etwa 70 Prozent ihres Bedarfs an Gemüse.

So nachhaltig und naturnah wie möglich möchten die Sieben-Lindener leben. Deshalb fangen Solarpanele an Wohnhäusern die Sonnenstrahlen ein. Und Alpakas mähen die Wiesen

Teilnehmer eines Workshops lernen, wie Strohballen beim Hausbau genutzt werden können

Spätabends leuchtet noch eine Lichterkette an der Sauna von Sieben Linden, auf der Terrasse liegen ein paar Sieben-Lindener in Handtücher gehüllt. Einige führen murmelnd Gespräche miteinander, andere schlummern.

Gabi Bott ist Trainerin für Tiefenökologie und lebt seit 20 Jahren in Sieben Linden. Sie sagt: „Ich finde, ein einfaches Leben gibt es hier nicht. Wir leben doch im puren Luxus."

Wenn ein Sieben-Lindener Lebensmittel braucht, geht er in einen Bioladen im Ort – drei Regale, zwei Gänge – oder in einen der Vorratsräume. Dort liegen Rosinen im 20-Liter-Eimer, Käselaibe, Brote, alles, was der Garten über das Jahr abwirft, und selbst eingemachte Aufstriche: Rote Bete süß-sauer oder Kürbischutney.

In Sieben Linden gibt es keinen Supermarkt, stattdessen: eine kleine Auswahl guter Sachen. Ein Sieben-

Einige Bullerbü-Eindrücke aus Sieben Linden: Frühmorgens steigen zwei Männer nackt in den Badeteich, sie hocken sich in das Wasser, bis nur noch ihre Köpfe herausschauen. So verharren sie mit geschlossenen Augen, bis man glaubt, die Kälte müsse ihnen alles Leben aus den Körpern gezogen haben. Aber sie steigen ruhig aus dem Teich, lachen und gehen nach Hause.

Über ein Feld zuckeln zwei Kaltblüter. Sie ziehen einen Pflug, und hinter dem Pflug gehen eine Frau und ein zehnjähriger Junge. Der Pflug wirft dunkle feuchte Erde auf, später sollen auf diesem Acker Kartoffeln wachsen.

Ein Bauwagen als Arbeitsplatz: Marina Schedlbauer näht im Ökodorf Damenbinden

Zu Sieben Linden gehört auch ein Wald. Dort sammeln die Bewohner Pilze

Jeden Morgen treffen sich Thomas Aillerie und Johannes Weingarten, um im Dorfteich Atem- und Meditationstechniken zu üben. Sie verharren minutenlang im Wasser – egal bei welchem Wetter

Neues Grün im Gewächshaus. Mehr als 50 Kulturen wachsen im Dorfgarten

Lindener muss aber gar nicht viel einkaufen. Im Gemeinschaftshaus werden jeden Tag drei Mal vegetarische und vegane Gerichte serviert.

Für freie Auswahl im Vorratskeller und freies Essen bezahlt jeder Bewohner eine monatliche 60-Euro-Pauschale und 6,90 Euro pro Anwesenheitstag. Für höchstens 240 Euro im Monat sind die Sieben-Lindener rundum versorgt.

Kleidung, Geschirr und Bücher gibt es in der Verschenke-Ecke. Im Wald nebenan wachsen so viele Pilze, dass man darüber stolpert. Und am Eingang zum Dorf verkündet ein gelbes Schild eine „smartphonefreie Zone". Viele Sieben-Lindener kennen die Festnetznummern der anderen Bewohner auswendig.

Das Dorf hat sich seine eigene Ökonomie geschaffen. Die Gemeinschaft bezahlt die Bewohner, die in der Küche arbeiten, im Garten ernten, im Büro die vielen Anfragen beantworten oder Workshops anbieten. Ein Teil des Lohns fließt beim „Einkaufen" wieder in die Gemeinschaftskasse. Ein Euro, der in das Dorf gelangt, kommt so schnell nicht wieder heraus.

Selbstversorgung, naturnahes Leben, eine Ökonomie des Teilens – für viele Sieben-Lindener war und ist das Dorf ein Sehnsuchtsort. Ein Luxus ganz ohne Reichtum, dafür mit Wärme und Sinn.

Thomas Aillerie lebt mit seiner Familie seit fünf Jahren in Sieben Linden. Er ist einer der beiden Männer, die jeden Morgen in den Badeteich steigen. Dort üben sie eine Atem- und Meditationstechnik. Aillerie sagt, nach einigen Minuten spüre er seinen Körper gar nicht mehr. „Ich fühle mich, als sei ich der Teich und der Wind."

Thomas Aillerie ist Geigenbauer. Seine kleine Werkstatt sieht aus wie die von Gepetto, der Pinocchio schnitzte. Hobel, Pinsel, Pigmente, Lacke, Holzblöcke liegen dicht an dicht in Regalen, auf Tischen und in Schubfächern.

Aillerie baut Bratschen und Violinen für ambitionierte Musiker in Berlin. Er nutzt dabei Techniken wie die alten Meister vor 400 Jahren. Das ist kein Spleen, er sagt, besser gehe es einfach nicht. Wenn Aillerie ein Stück Bergahorn für einen Violinenkorpus schleift,

Auf Holzstämmen ruht das Gewicht der »Villa Strohbunt«. 2001 war das Haus der erste genehmigte Strohballenbau in Deutschland. Für Anouk, fünf Jahre alt, ist es vor allem ein toller Spielplatz

zieht er einen getrockneten Schachtelhalm aus dem Wendland immer wieder über das Holz. So ähnlich arbeitete auch Antonio Stradivari.

Aillerie hat sich zum Arbeiten einen wunderschönen Ort gewählt. Durch das große Fenster vor seiner Werkbank blickt er auf Sieben Linden und den Wald dahinter, auf den Horizont und manchmal in Gedanken noch ein Stück weiter. Er sagt, er und seine Frau hätten fort gewollt aus der Großstadt. Und sie wollten nicht mehr konsumieren, als ihnen zustehe. „Wir leben heute viel nachhaltiger, das haben wir nur mit der Gemeinschaft geschafft."

Das Dorf ist organisiert in einer Siedlungs- und in einer Wohnungsgenossenschaft. Jedem Bewohner in Sieben Linden stehen zum Wohnen maximal 16 Quadratmeter überbaute Fläche zu. Eine italienische Studie befasste sich mit dem $CO_2$-Fußabdruck der Bewohner in Sieben Linden im Jahr 2014. Bei dem Anteil des $CO_2$-Verbrauchs, der durch die eigene Lebensführung beeinflussbar ist, liegen die Sieben-Lindener bei nur gut einem Viertel im Vergleich zum durchschnittlichen ökologischen Fußabdruck in Deutschland.

Aber Sieben Linden und die Gemeinschaft fordern auch einen Preis. Thomas Aillerie sagt: „Ich könnte den ganzen Tag damit verbringen, der Gemeinschaft zu helfen." Der Geigenbauer hat am neuen Waldkonzept des Dorfes mitgearbeitet. Demnächst wird es dem Rest der Gemeinschaft vorgestellt, dann stimmen die Bewohner darüber ab. Aillerie ist auch Mitglied einer Baugruppe, die ein neues Wohnhaus plant. Und er sitzt im Rat der Wohnungsgenossenschaft.

Als er gerade seine vielen Aufgaben aufzählt, fragt die Trainerin für Tiefenökologie, Gabi Bott ihn: „Am Samstag sind Vollmond und Ulmentanz. Kommst du mit Charlotte, und spielt ihr Musik für uns?" Aillerie atmet tief und sagt dann: „Ja, gerne." Später sagt er: „Es sind alles schöne Aufgaben, die ich mir selbst ausgesucht habe, aber man muss auch lernen, sich abzugrenzen, sonst verliert man sich selbst.

Die Bewohner von Sieben Linden kennen einander gut, manchmal viel zu gut. Hat jemand ein Problem, ist es sehr schnell auch ein Problem aller. Es gibt Arbeitsgruppen, Baugruppen, Räte, Listen für Freiwilligendienste, Abendversammlungen, Sonntagscafé – sehr viele Einladungen, von denen man besser welche annehmen sollte. Es gibt Streit um Dreck, Gartenarbeit, die Altglassammlung, Kindererziehung und auch darüber, wie gefährlich Corona ist.

Die 140 Menschen in Sieben Linden können gar nicht anders, als ständig übereinander nachzudenken. Das macht das gemeinschaftliche Leben zu einer Herausforderung.

Eva Stützel ist seit den ersten Tagen bei Sieben Linden dabei. Als die Gemeinschaft das Projekt „Sieben Linden" plante, war sie schwanger. Tochter Karina ist jetzt 23 Jahre alt, angehende Hebamme, und ihre Mutter Eva berät Menschen in ganz Deutschland, die eine Gemeinschaft gründen wollen. „Es müssen ja nicht alle die gleichen Fehler machen", sagt sie. Wenn sie heute die Sieben-Linden-Gründer von damals treffen würde, würde sie daran zweifeln, dass das Dorf überhaupt entsteht. „Wir waren einfach sehr naiv."

Als die Gemeinschaft startete, sollten noch alle alles machen: Kochen, bauen, putzen und vor allem Entscheidungen treffen. Schnell stellte sich heraus, dass mit diesem Konzept das Dorf zum Scheitern verurteilt ist. Seitdem gibt es die Arbeitsteilung. Viele Entscheidungen werden seit einigen Jahren von gewählten Räten getroffen. Und für die Vollversammlung gilt ein abgestuftes Konsenssystem. Es genügen zwei Drittel Jastimmen, um einen Beschluss zu fassen. Und wenn jemand ein glasklares Veto einlegt, sind die Beteiligten zum Verhandeln gezwungen.

Eva Stützel erzählt von den Menschen, die nach Sieben Linden ziehen möchten. Es kommen genervte Großstädter, Zivilisationsmüde, Leute, die Streit mit den Nachbarn haben, die unglücklich sind und Rettung suchen. Sie sehen das Dorf, den Wald, spüren die Ruhe und denken: an Bullerbü.

„Aber so ist es bei uns nicht", sagt Eva Stützel. „Es ist fordernd, es gibt immer wieder Konflikte. Wenn jemand anderswo unglücklich ist, wird er bei uns meistens auch nicht glücklich".

Das Leben entspringt nur selten einem Kinderbuch. Deshalb ist Sieben Linden eben nicht wie Bullerbü. Die Wirklichkeit ist komplizierter.

Jähes Erwachen aus dem Traum vom perfekten einfachen Leben: Silas Hirsch, sechs Jahre alt, drückt seine Katze Trixi fest an sich, das Katzenjunge ist ein Findelkind. Eine Bewohnerin, die vorbeigeht, sagt: „Oh, oh, das wird wieder Diskussionen im Dorf geben." In Sieben Linden ist das Halten von Haustieren in einem „Tierhaltungsbeschluss" genau geregelt – sehr detailreich und wiederum mit einigen Ausnahmeregelungen.

Für so vieles gibt es in Sieben Linden Beschlüsse und Vorschriften. Silas' Mutter, Satoshi Hirsch, die im Garten hilft, seufzt und sagt: „Ich wünschte mir ein bisschen mehr Freiheit."

Ein Dokumentarfilm zeigt, wie einer der Gärtner zentnerweise Kartoffeln in die Durchfahrt zum Gemeinschaftshaus schüttet. Eine Protestaktion, mit der er auf mangelnde Mithilfe bei der Kartoffelernte hinweisen wollte.

Von außen betrachtet wirkt Sieben Linden manchmal wie eine Blase, die eine Gemeinschaft umschließt, die alles teilt. Die Bewohner selbst sprechen von „drinnen" und „draußen". Aber drinnen sind nicht alle gleich. Sie teilen das Ziel, nicht mehr von der Erde nutzen zu wollen, als sie brauchen. Ansonsten wohnen in dem Dorf höchst unterschiedliche Menschen, die eng zusammenleben. Das ist nicht einfach, sondern manchmal sehr anstrengend.

Interessenten, die nach Sieben Linden ziehen möchten, müssen deshalb mehrere Seminare und Kurse belegen und schließlich ein Jahr zur Probe wohnen, bevor die Gemeinschaft entscheidet, ob sie den Bewohner aufnimmt.

Eva Stützel selbst wollte schon zwei Mal ausziehen. Ganz am Anfang, als es ihr nicht schnell genug voran ging. Und dann noch einmal, als sie sich von der Gemeinschaft bei einem Projekt zu stark ausgebremst fühlte. Sie ist geblieben. Sie hat Psychologie studiert und

Thomas Aillerie baut in seiner Werkstatt Geigen – nach dem Vorbild alter Meister

Mascha Fritsch absolviert in Sieben Linden ihr Freiwilliges Ökologisches Jahr

Das Dorf ist ein Ort der Vielfalt. Das betrifft auch die Äpfel, die dort geerntet werden

sagt: „Ich habe hier so viel mehr über die Menschen gelernt als an der Uni."

Gemeinschaftliches Wohnen und Leben ist gerade wieder sehr populär – trotz aller Schwierigkeiten und drohender Konflikte. Im ganzen Land gibt es schon weit über 200 Projekte, die dem Ökodorf ähneln. Von der Kommune, in der Geld geteilt wird, über Selbstversorger, Baugenossenschaften und esoterische Gruppierungen bis hin zum etablierten Mehrgenerationen-Wohnhaus.

In der Gemeinschaft holen sich die Menschen wieder, was sie mitunter verloren haben und vermissen: Kontakt, Verbundenheit und Offenheit. Das Gefühl, mit anderen im selben Takt zu schwingen, sie berühren und sich selbst berühren lassen. Deshalb suchen die Menschen die Gemeinschaft, obwohl sie nicht alles einfacher macht.

Sieben Linden ist mehr als 20 Jahre nach der Gründung ein Vorbild für andere Gemeinschaften. Weil es das Dorf immer noch gibt. Es ist ein Ort zum Lernen.

Der Geigenbauer Thomas Aillerie hat gelernt, unterwegs an einer Bushaltestelle eine Stunde auf den nächsten Bus zu warten, wenn er zu seinen Kunden nach Berlin möchte. Die ehemalige Sozialpädagogin Katja Riedel weiß jetzt alles über Möhren und Mehltau. Die Tiefenökologie-Trainerin Gabi Bott sagt: „Ich finde unser Zusammenleben ist das Normale, das in unserer Gesellschaft ist verrückt." Die Mitgründerin Eva Stützel sitzt seit einigen Jahren auch im Rat der Gemeinde Beetzendorf, zu der Sieben Linden gehört, und lernt Lokalpolitik.

Michael Würfel sagt, in Sieben Linden lernten die Menschen sich zusammenzuraufen. Und das sei vielleicht das Allerwichtigste.

Würfel wohnt in einem Haus, das „Villa Strohbunt" genannt wird. Dort zieht er mit drei anderen Erwachsenen drei Kinder groß. Er sagt: „Wir werden die Welt nicht durch eine coole App retten." Aber bei all den Konflikten und Herausforderungen da draußen sei es doch so wichtig, zu lernen, wie man immer miteinander im Gespräch bleibe. Streiten, Friedenschließen, Bessermachen – das können die Sieben-Lindener.

Michael Würfel sitzt am Küchentisch, als draußen die Dämmerung hereinbricht. Seine Partnerin Johanna Roth schnitzt mit den Kindern Kürbisse, die meiste Zeit schnitzt sie allein. Die Zwillingsbrüder toben, die achtjährige Elie klettert im Bücherregal bis an die Decke. Wieder liegt der Gedanke an ein Astrid-Lindgren-Dorf nahe.

Irgendwann verschwinden die Kinder beinahe unbemerkt aus dem Haus und die Erwachsenen erzählen von Sieben Linden und dem einfachen Leben. Sie sprechen über Konsum. Michael Würfel meint, er könne so schwer auf Technikangebote verzichten. Wenn Johanna Roth Zeitungen liest und Werbung sieht, träumt sie manchmal von der Stadt.

Michael Würfel: „Nenn mir eine Woche, in der wir nicht verzweifeln." Johanna Roth: „Es ist anstrengend, aber wir machen es trotzdem." Während sie reden, verklumpt auf dem Herd unbeachtet der Schokoladenpudding.

Auch in Sieben Linden gibt es kein einfaches Leben. Aber es ist ein anderes Leben, das beste, was sie sich derzeit vorstellen können.

Dann versucht Johanna Roth den Pudding zu retten. Und Michael Würfel geht raus, die Kinder suchen. Es ist schon dunkel, und sie sind nur in T-Shirts unterwegs. Sorgen machen sich die Erwachsenen nicht. Irgendjemand aus dem Dorf wird sich kümmern, wenn er sie sieht. ‹

# Lust am Verzicht? *Gibt es seit* ***Jahrtausenden***

Minimalismus ist kein neuer Trend. In den Weltreligionen war er als ein Aspekt der Askese seit jeher verankert. Antike Philosophen priesen den Verzicht als Schlüssel zur Freiheit. Die alten Ideen überlebten die Jahrtausende und fanden immer wieder neue Anhänger – bis in das 21. Jahrhundert

**Text:** Diana **Laarz**

## Ein Minimalist aus Athen

**Diogenes von Sinope**

4. Jahrhundert v. Chr.

Geh mir nur ein wenig aus der Sonne." Diesen Satz soll Diogenes von Sinope zu Alexander dem Großen gesagt haben, als ihm dieser nach seinen Wünschen fragte. Diogenes brauchte nur die Sonne – und seine Tonne, in der er angeblich schlief. Diogenes gehörte zu den Kynikern, diese glaubten, dass Besitz und Reichtum nicht zum Glück beitrügen, ja sogar hinderlich sein könnten. Also übte sich Diogenes, selbst Sohn einer reichen Familie, im Verzicht. Das macht ihn zum ersten bekannten Minimalisten der Geschichte.

## Ein römischer Kaiser ohne Prunk

**Mark Aurel**

2. Jahrhundert

Lange bevor er römischer Kaiser wurde, fiel Mark Aurel wegen seines Interesses für Philosophie auf. Kaiser Hadrian schrieb an seinen späteren Nachfolger: „Ich habe gesehen, wie du mit Hingabe die Schriften der Philosophen lasest, dich mit roher Wolle kleidest, auf dem bloßen Fußboden schliefst." Schon als junger Mann war Aurel Stoiker. Diese verzichteten nicht nur auf Luxus, sondern auch auf allzu enge Bindungen zu Mitmenschen. Als Kaiser (ab dem Jahr 161) blieb Mark Aurel dem Verzicht treu. An seinem Hof war Prunk verpönt.

Kaiser und Stoiker: Mark Aurel

## Ein ägyptischer Mönch in der Wüste

**Antonius der Grosse**

3. Jahrhundert

Antonius gilt als Begründer des christlichen Mönchtums. Er wurde um 250 in Ägypten geboren und wuchs bei wohlhabenden Eltern auf. Als junger Mann gab er seinen Besitz seiner Dorfgemeinde und zog sich in eine Wüste bei Kairo zurück. Askese bedeutete für Antonius: frei werden für ein gottgefälliges Leben. Die Wüstenväter des 3. bis 6. Jahrhunderts, zu denen Antonius gehörte, nutzten Minimalismus nicht, um mehr Zeit und Freude am Leben zu haben. Sie wollten alle Ablenkung ausschalten – und sich nur Gott zuwenden.

## Ein Mann verzichtet auf sein Erbe

**Franziskus von Assisi**

13. Jahrhundert

Ein Familienstreit im Jahr 1207: Auf dem Domplatz im italienischen Assisi übergibt Giovanni di Pietro di Bernardone sein Geld und seine Kleider seinem Vater und verzichtet auf sein Erbe. Als Jugendlicher hatte der Mann, der sich später Franziskus nannte, vom Geld seiner Familie Feste gefeiert und teure Kleidung gekauft. Später geriet er in Kriegsgefangenschaft und berichtete von Gotteserscheinungen. Nach der Szene auf dem Domplatz trug Franziskus eine Kutte, lief barfuß, bettelte um Essen und schlief in Scheunen. Mitglieder des Franziskaner-Ordens legen noch heute das Gelübde der Armut ab.

## Ein Kirchenältester und seine Anhänger

**Die Amischen**

18. Jahrhundert

Einige Hundert Mitglieder einer Täuferbewegung flohen im 18. und 19. Jahrhundert vor Verfolgungen in Europa nach Nordamerika. Sie nannten sich die „Amischen“, nach dem Kirchenältesten Jakob Ammann. Heute leben in den USA etwa 350 000 Amische „alter Ordnung“ von der Landwirtschaft und legen großen Wert auf Familie und Abgeschiedenheit. Die Amischen akzeptieren technische Neuerungen nur ausnahmsweise und nach Prüfung. Andere Minimalisten sehen in der Technik die Chance, Raum und Zeit zu gewinnen.

Die Amischen verzichten oft auf Technik

## Ein Lehrer zieht in eine Hütte

**Henry David Thoreau**

19. Jahrhundert

Um der Industrialisierung seines Landes zu entgehen, zog der US-Amerikaner Henry David Thoreau im Sommer 1845 in eine selbst gebaute Blockhütte in den Wäldern von Massachusetts. Er gab die Parole aus: „Vereinfachen. Vereinfachen.“ Die Erfahrungen aus seinem etwa zweijährigen Selbstversuch schrieb er nieder in dem Buch: „Walden. Oder das Leben in den Wäldern“. Darin heißt es: „Ich wollte tief leben, alles Mark des Lebens aussaugen, so hart und spartanisch leben, dass alles, was nicht Leben war, in die Flucht geschlagen wurde.“

## Ein russischer Schrifsteller wird Bauer

**Leo Tolstoi**

19. Jahrhundert

Letztlich geht es in seinen Romanen „Krieg und Frieden“ und „Anna Karenina“ um die Frage nach dem richtigen Leben. Im Alter beantwortete der russische Schriftsteller Leo Tolstoi sich selbst diese Frage mit der Erkenntnis: „Nichts fördert die Annäherung der Menschen mehr als Einfachheit.“ Tolstoi trug also Bauernkittel, schusterte seine Schuhe selbst, ernährte sich vegetarisch und arbeitete auf den Feldern seines Gutshofes. Seiner Familie gefiel diese Wandlung nicht. Nach einem Zerwürfnis mit seiner Ehefrau begab sich Tolstoi 1910 auf eine Pilgerfahrt.

## Ein Kämpfer für Verzicht und Freiheit

**Mahatma Gandhi**

20. Jahrhundert

„Die Welt hat genug für jedermanns Bedürfnisse, aber nicht für jedermanns Gier.“ Dieser Satz Mahatma Gandhis steht für seine minimalistische Grundüberzeugung. Seinen Kampf für die Unabhängigkeit Indiens meinte er nur gewinnen zu können, wenn er sich von allen äußeren Zwängen und Versuchungen befreite. Dazu legte er 1906 ein Gelübde der sexuellen Enthaltsamkeit und 1912 eines der Armut ab. Gandhi glaubte, dass die Askese Kräfte in ihm freisetzt, die ihn stärker machen und seine Umgebung positiv beeinflussen.

## Ein Ausflug ohne festes Ziel

**Die Wandervögel**

20. Jahrhundert

Aus vielen jungen Menschen machte die Härte und Disziplin des deutschen Kaiserreichs vermeintlich gute Staatsbürger und Soldaten. Sie führte aber auch im Jahr 1901 zur Gründung der „Wandervögel“. Studenten und Schüler schlossen sich zusammen und unternahmen Ausflüge. Der Name war Programm: Sie hatten keine festen Ziele, wollten schweifen, erleben und frei sein. Sie übernachteten im Freien oder bei Bauern, kochten über dem Lagerfeuer. Übermäßiger Besitz – so hieß es – enge nur die persönliche Freiheit und Freude ein.

## Ein Mann zweifelt und räumt auf

**Joshua Becker**

21. Jahrhundert

Der neue Hype um den Minimalismus begann in den USA, bekannt als „Simplify“-Bewegung. Ein gleichnamiges Buch stammt von Joshua Becker. Als er 2008 an einem Samstag seine Garage aufräumte, sah er nach eigener Darstellung zum ersten Mal klar: „All die Besitztümer, die ich besaß, brachten keine Freude in mein Leben.“ Becker, bis dahin als Pastor tätig, sagt, er habe sich inzwischen von 60 Prozent seines Besitzes getrennt. Er veröffentlicht seine Strategien für den Verzicht off- und online, Millionen Menschen folgen ihm. ‹

Joshua Becker lebt ohne viel Besitz

# Die Welt von GEO

*Ein Blick in weitere Hefte*

GEO WISSEN N°. 72
*erscheint am 19. Mai 2021*

**GEO EPOCHE KOLLEKTION**

## Großreiche

Die Imperien der Antike

**GEO*EPOCHE* KOLLEKTION** »Die großen Reiche der Weltgeschichte – Band 1: Antike« hat 176 Seiten und kostet 13,50 Euro. Einige Themen: Im Palast von Persepolis • Karthago gegen Rom • Attila – Der König der Hunnen

Sie werden begründet von ehrgeizigen Eroberern, blühen für Jahre oder gar Jahrtausende, bringen Monumente und Metropolen hervor, wetteifern in blutigen Schlachten, prägen den Gang der Geschichte – bis ihre Macht verfällt: In drei Ausgaben widmet sich GEO *EPOCHE* KOLLEKTION den großen Reichen der Antike, des Mittelalters und der Neuzeit. Den Anfang macht der Band über die Antike. Er erzählt vom ersten Kaiser von China und vom Aufstieg Alexanders des Großen, entführt nach Ägypten und Babylonien, Persien, Indien und Rom.

**GEO EPOCHE**

## Machtkämpfe

Rom und die Germanen

Jahrhundertelang versuchen die Römer, die jenseits des Rheins siedelnden germanischen Stämme unter ihre Kontrolle zu bringen – zunächst durch schiere Gewalt, schließlich vor allem durch Bündnisse und Belohnungen. Die neue Ausgabe von GEO*EPOCHE* erzählt von diesem Kampf um die Macht im Norden, vom Alltag der Germanen fernab der Grenzen – und vom erstaunlichen Ausgang ihres Ringens mit der Weltmacht: Während das Imperium Romanum an Kraft verliert und schließlich zerfällt, errichten Germanen in dessen Trümmern neue Reiche.

Die **GEO*EPOCHE***-Ausgabe »Rom und die Germanen« hat 164 Seiten und kostet 12 Euro. Einige Themen: Arminius gegen Germanicus • Alltag im römischen Xanten • Die Schlacht am Harzhorn

**GEO WISSEN GESUNDHEIT**

## Schmerz lindern

Migräne und Kopfschmerz

**GEO WISSEN GESUNDHEIT** »Kopfschmerz und Migräne« kostet 12,50 Euro, mit Entspannungs-DVD 17,50 Euro. Weitere Themen: Kinder und Kopfschmerzen • Was tun gegen den Kater?

Die „Gewitter im Kopf“ haben vielfältige Ursachen und zahlreiche Erscheinungsformen. Doch es gibt nachhaltige Linderung – dank der modernen Medizin und wirksamer Selbsthilfe. In der neuen Ausgabe von GEO WISSEN GESUNDHEIT erklären Ärzte zudem, welche Warnsignale des Körpers unbedingt ernst genommen werden müssen und weshalb viele Patienten oft lange Zeit falsch behandelt werden. Forscher berichten über moderne Untersuchungs- und Therapiemethoden, etwa eine neuartige Antikörper-Behandlung gegen Migräne.